INTRODUCING FEMINISM: A GRAPHIC GUIDE by CATHIA JENAINATI,
ILLUSTRAED by JUDY GROVES
Text copyright © 2007 by Cathia Jenainati, Illustrations copyright © 2013 Icon
Books Ltd.

This edition arranged with Icon Books c/o The Marsh Agency Ltd.
Through BIG APPLE AGENCY, INC., LABUAN, MALAYSIA.
Simplified Chinese edition copyright:
2025 SDX JOINT PUBLISHING CO.LTD
All rights reserved.

图画通识丛书
A Graphic Guide

女性主义

Introducing Feminism

［英］凯西娅·杰奈纳提（Cathia Jenainati）
朱迪·格罗夫斯（Judy Groves）/ 著
夏筱雅 / 译

Simplified Chinese Copyright © 2025 by SDX Joint Publishing Company.
All Rights Reserved.
本作品简体中文版权由生活·读书·新知三联书店所有。
未经许可，不得翻印。

图书在版编目（CIP）数据

女性主义 /（英）凯西娅·杰奈纳提，（英）朱迪·格罗夫斯著；夏筱雅译. -- 北京：生活·读书·新知三联书店，2025. 1. --（图画通识丛书）. -- ISBN 978-7-108-07941-1

Ⅰ. D440

中国国家版本馆 CIP 数据核字第 2024G6S554 号

责任编辑	黄新萍
装帧设计	张　红　康　健
责任校对	陈　明
责任印制	李思佳
出版发行	生活·讀書·新知 三联书店
	（北京市东城区美术馆东街 22 号 100010）
网　　址	www.sdxjpc.com
经　　销	新华书店
印　　刷	北京隆昌伟业印刷有限公司
版　　次	2025 年 1 月北京第 1 版
	2025 年 1 月北京第 1 次印刷
开　　本	787 毫米 × 1092 毫米　1/32　印张 5.75
字　　数	50 千字　图 168 幅
印　　数	0,001 - 5,000 册
定　　价	39.00 元

（印装查询：01064002715；邮购查询：01084010542）

目　录

001 什么是女性主义？
002 什么是父权制？
003 生物学决定论
004 逻辑的还是感性的？
006 现代早期的女权运动
008 对《圣经》的重新诠释
009 第一场政治活动
010 "致女士们"
011 早期观点
012 理性的时代
013 社会规划师
015 竞争的观点
016 个人主义的兴起
018 第一波女性主义
020 记得为女士们考虑

022 玛丽·沃斯通克拉夫特
023 非传统的生活
025 反对卢梭
026 理智和情感
028 丈夫的神圣权利
030 格里姆克姐妹
033 1820—1880，对家庭生活的推崇
036 男人和女人的行为准则
038 哈丽特·泰勒·密尔
040 理论和实践
042 专职仆人
043 "男人"或是"人"？
045 卡罗琳·诺顿
046 已婚女性的法律地位

047 《儿童监护法》	077 《一间自己的房间》
048 《婚姻诉讼法》	078 金币和锁
050 凯瑟琳·海伦·斯宾塞	079 "我没有国家"
051 1848年纽约,塞内卡福尔斯大会	080 西蒙娜·德·波伏娃
053 一份女性的独立宣言	081 存在先于本质
054 女式灯笼裤的出现	084 第二波女性主义
055 19世纪50年代的美国	085 妇女解放运动
056 国际妇女理事会	086 个人的就是政治的
058 19世纪50年代的英国	087 妇女解放运动的七项要求
060 芭芭拉·博迪钦	088 贝蒂·弗里丹
062 兰厄姆广场	089 《女性的奥秘》
064 埃米琳·潘克赫斯特	090 母职优先于事业?
065 女性社会与政治联盟	092 《第二阶段》
066 暴力式争取女性选举权活动	093 女性意识的觉醒
068 澳大利亚女性的选举权	094 多元的女性主义
070 争取女性选举权的里程碑	096 社会主义的女性主义
071 反对妇女的参政权	098 传统的马克思主义女权主义
072 第一次回潮	099 激进的女权主义
073 女权主义=女同性恋?	102 生态女性主义
074 受过教育的失业者	104 精神分析学派的女性主义
075 消失的性别	105 后女权主义
076 弗吉尼亚·伍尔夫	106 对选美比赛的抗议
	110 杰梅茵·格里尔

- 112 舒拉米斯·费尔斯通
- 113 再生产，而非生产
- 114 为资本主义而消费
- 115 凯特·米利特
- 116 性或性别等级
- 117 文学中的厌女症
- 118 安·奥克利
- 120 《屈从的女性》
- 122 女性主义文学批评
- 124 精神分析与女性主义思想
- 126 重建母职
- 127 美人鱼和牛头怪
- 129 与母亲分离
- 131 阿德里安·里奇
- 133 妇科/生态学
- 134 20 世纪 80 年代
- 135 黑人女性的女性主义历程
- 137 黑人女性主义的早期表达
- 138 我不是女人吗？
- 140 弗朗西斯·哈珀
- 142 康比河公社
- 144 女性中心主义与黑人女性主义
- 145 贝尔·胡克斯
- 146 艾丽丝·沃克
- 148 20 世纪 80 年代的畅销小说
- 150 浪漫的力量
- 151 女权主义与色情
- 153 女性主义与身体
- 156 《美丽的神话》
- 158 怪诞
- 160 女性主义与性别问题
- 161 解构主义女性主义
- 162 重返舞台中央的男性？
- 163 "女力"
- 164 女性主义与发展中国家
- 166 底层的女性
- 167 挑战传统仪式
- 168 什么是女性主义？
- 169 里程碑
- 172 延伸阅读
- 173 其他参考资料
- 174 作者致谢
- 175 译者说明
- 176 索引

什么是女性主义?

任何回答这一问题的尝试,无疑都将面临很多挑战。女性主义从哪里开始,包括哪些人物,什么该省略,什么时候需要停止,都是重要的考虑因素。本书提供了说英语国家的女性主义运动及其发展的一幅概览图,并特别给出了英国及其他英联邦国家和美国的女性主义思想的要点,还兼顾了与它们相关的国际上的女性主义思想及运动。

本书承认并公开赞扬在女性的全部历史中诞生的各种女性主义视角,它们都是以贝尔·胡克斯(Bell Hooks)的著名的女性主义定义为前提发展出来的。

女性主义是以结束性别压迫为目的的斗争。

贝尔·胡克斯

《图画通识丛书·女性主义》将追踪这种斗争的历史的和社会的发展脉络。

什么是父权制?

对女性主义运动的思考的一个起点,是对"父权制"这个术语取得一种共识。

父权制指的是这样的权力关系,在其中女性的权益要服从男性权益。

这样的权力关系表现为多种形式,从劳动关系中的性别分工和生育的社会组织,到内化于日常生活中的女性规范。

父权制的权力建立于一种社会设定的基础之上,即性别具有生物学的差异。

"女性主义"一词大约在19世纪90年代就出现在英语词汇中,但女性对性别歧视和性别压制的有意识的反抗却可以追溯到久远的时代。

生物学决定论

早在公元前 4 世纪，**亚里士多德**（前 384—前 322）就宣称："女人之为女人，正因她们缺乏某种品质。"在他之后的古希腊历史学家和将军修昔底德（Thucydides，前 460—前 400）也曾对女性提出这样的忠告：

> 对于一个女人来说，最大的闪光点是表现得温柔，恰如她的本性。此外，她不会被男人谈论：既不因其美德，也不因其恶行。

对女性和男性的差别的早期思考，都建基于一种**本质主义**的观念：男女之间的差异是生物学差异的结果。相信生物学上的差异是注定的，就暗示着在相似的情境下，男性会表现出"男性化"的心理特征，如攻击性、理性和自信，而女性则表现出"女性化"的特征，如温柔、直觉和敏感。同样，这种观点相信，这些差异将转化为不同性别特有的思维、感觉和行为模式。

逻辑的还是感性的?

本质主义认为男性能以符合逻辑的方式,抽象地、分析地思考,而女性则主要是感性的、富有同情心的、有教养的造物/生物(creatures)。

重要的是要保持性别之间的区别,以保持自然的秩序。

本质主义的思想对女性的公共和私人生活都产生了重大的影响。私下里,本质主义思想被转换为女性作为妻子、母亲和女儿的行为准则。在公众场合,人们认为女性对公众事务的参与应该受到限制,并由男性权威的代表——如丈夫、父亲、神职人员和法律等——加以严格控制。

几个世纪以来，关于女性的本质主义思想渗透进西方思想，并提出女性有一种自然的、由生物学特征决定的本质，这种本质是普遍的、不可改变的。

"女人软弱又善变。"
维吉尔(前70—前19)

"女人是不完善的男人。"
托马斯·阿奎那
(1225—1274)

莎士比亚(1564—1616)的哈姆雷特宣称：

"脆弱，你的名字是女人。"

女权主义者长期以来一直在努力消除这种关于性别的荒诞传说。

现代早期的女权运动

现代早期 (1550—1700) 的英国社会建立在父权制的基础之上。

妇女没有正式权利,也没有法定的代表权。

即使一些妇女能够接受高等教育,也不允许她们获得学位。在婚姻中,女方的身体属于丈夫,丈夫也是他们的孩子的唯一合法监护人。

现代早期的女权主义活动旨在挑战这种普遍的社会观点,即女性是软弱和非理性的生物,应该由男性控制。当时发生的许多政治事件支持了这种努力,特别是女王伊丽莎白一世于 1559 年加冕,以及她作为单身女性长期成功的统治。

对《圣经》的重新诠释

16 世纪晚期关于女性问题的文章开始激增,许多文章质疑将理想女性定义为"贞洁、沉默、顺从"的观点。1589 年,**简·安格尔**(Jane Anger)的《**女性保护女性**》(*Her Protection for Women*)重新诠释了《创世记》。

雷切尔·斯佩特(Rachel Speght)的《给梅拉斯托默斯的一个哑谜》(1617)重新审视了亚当从伊甸园中坠落的故事,并对亚当被夏娃引诱去吃苹果的假设提出了质疑:"如果亚当没有认可夏娃所做的事情,并愿意踏上她所走的那一步,那么作为她的主人,他就会责备她。"

简·安格尔、雷切尔·斯佩特、**埃丝特·索韦尔南**(Esther Sowernam)和**莎拉·埃格顿**(Sarah Egerton)等作家的性别仍有争议。一些评论家认为,这是用来进行文学辩论而非政治改革的一些化名。尽管如此,他们明确地关注社会对女性角色和天性的传统看法,并对挑战这种观点抱有强烈的愿望。

独立的女教士

劳伦斯·斯通(Lawrence Stone)写作的关于 17 世纪英国女性的政治、社会经济状况的文章表明,即使回溯到 17 世纪 40 年代的内战时期,女教士就已通过参加独立教会在宗教解释中发挥了重要作用,在那里她们可以参与辩论、投票,甚至被当作先知。这些女性试图通过在社会和宗教中占据突出地位来重新定位自己的角色。

第一场政治活动

1642年,从事各种行业的贫困女性发起了集体暴动,并在伦敦游行,向英国的上、下议院请愿。她们希望法律能考虑她们的劳动现状,并改善工人阶级的工作条件。据称,里士满公爵(Duke of Richmond)一见到这些请愿者,就开口讽刺道……

为了让这些女人滚蛋,我们最好再设立一个妇女议会。

这一次暴动,据信有近400名女性请愿者袭击了公爵本人和他的办公室。

每当政治议案歧视她们或她们的阶级时,英国的职业女性都继续抗议。尽管这些早期的努力不能被称为当代意义上的"女性主义",但这些女性对不公正的同仇敌忾和她们反对不公正法律的决心证明了一种**女性意识**的诞生,这种意识将她们团结在一起。

"致女士们"

1688年的"光荣革命"推翻了詹姆斯二世,也见证了君主制父权制被推翻,引发了文学女性如**阿芙拉·贝恩**(Aphra Behn,1640—1689)和**丘德利夫人**(Lady Chudleigh,1656—1710)的激进作品出版的浪潮,其中一首写于1703年的诗歌《致女士们》表达了这个时代的情感:

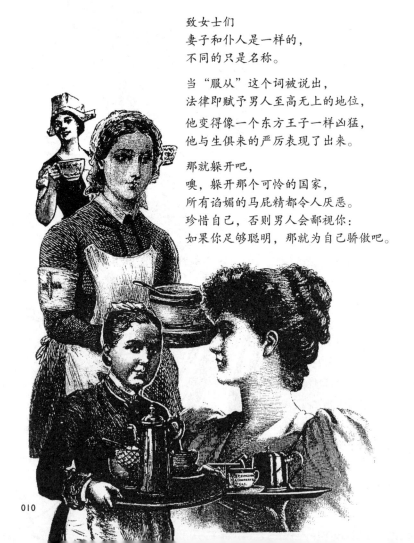

致女士们
妻子和仆人是一样的,
不同的只是名称。

当"服从"这个词被说出,
法律即赋予男人至高无上的地位,
他变得像一个东方王子一样凶猛,
他与生俱来的严厉表现了出来。

那就躲开吧,
噢,躲开那个可怜的国家,
所有谄媚的马屁精都令人厌恶。
珍惜自己,否则男人会鄙视你:
如果你足够聪明,那就为自己骄傲吧。

早期观点

1652年,贵格会教友(Quakers)在英国成立了公谊会(Society of Friends)。贵格会不接受人与人之间任何形式的等级制度。他们不会向任何人脱帽致敬,这在著名的贵格会成员威廉·佩恩(William Penn)和英格兰及爱尔兰国王查理二世的会晤中得到了证明。

我拒绝摘下我的帽子,并向国王解释说,贵格会教友只向上帝致敬。

威廉·佩恩

这种对社会平等的信念在当时是独一无二的,它转化为一系列对种族和性别的原始态度。1755年至1776年,贵格会通过创建主张废除奴隶制的协会来促进解放,积极反对奴隶制。

在家庭中,贵格会成员没有区分男性和女性的社会角色。因此,许多女性贵格会教友都受过高等教育,在政治和教育方面发挥了突出作用。贵格会妇女能够独自旅行,为教会管理做出贡献,并向不同的听众自由宣教。

因此,人们认为,在19世纪,"贵格会女性占了女性废奴主义者的40%,1830年之前出生的女性主义者中的19%和主张女性参政者中的15%,也都是贵格会的女性"(玛丽·梅普斯[Mary Maples])。

多年来,妇女争取平等权利和在社会上拥有公平代表权的斗争,被视作等同于废奴事业。

理性的时代

在 18 世纪和 19 世纪，许多著名的女性人物直言不讳地表示，需要挑战女性的从属性社会地位。她们的作品在很大程度上表达出对启蒙时代精神的继承。她们坚称，我们必须运用**理性**而不是仅出于**信仰**，来发现关于我们的存在的所有真相。独立探究，而非毫无怀疑地遵循传统，才是启蒙运动**自由探索**的实践。

社会规划师

启蒙运动强调理性的一个后果是对**社会规划**的冲动。社会规划师们认为，他们有责任规划和管理周围的世界。英裔美国社会改革家**弗朗西丝·赖特**（Frances Wright，1795—1852）在建立自己的实验公社——**那索巴**（Nashoba），致力于奴隶解放事业时，试图追随的就是这种信念。

我于1824年在田纳西州的孟菲斯建立了那索巴公社。

目的是为奴隶提供教育，为他们的解放做好准备。

赖特认为，对于女性和奴隶来说，多去学校，少去教堂，能确保他们的独立，也会让他们走向幸福。有几个因素导致了这项雄心勃勃的社会实验的失败。

沼泽热……

负面宣传……

以及公众的反对。

作为一名社会规划师，赖特与她同时代的许多人不同，因为她特别关注工人阶级的困境。她主张废奴、普及教育，主张节育和女性平权。

启蒙运动的观念由此转化为另一种视角。哈丽特·马丁瑙（Harriet Martineau）和约翰·斯图尔特·密尔（John Stuart Mill，参见第58-59页和第38-44页）这两位思想家非常重视思想和教育的力量，他们认为，思考和教育能让个人摆脱**传统**的幽灵。尽管他们试图将自己的理论付诸实践，但他们主要的受众是社会精英阶层。

竞争的观点

在英美传统中,早期对女性的思考大致遵循两种策略。

秉持**关系视角(relational perspective)**的人提出了以无等级的性别差异为基础的平等社会的愿景,他们主张以夫妻作为基本的社会单位。

它根据女性对联邦的独特贡献及其生育和养育能力,界定了女性的权利。

而主张**个人主义观点**的人认为,个人是社会的基本单位。

它强调个人实现自我的自主需要,同时淡化了所有社会构建的性别认同的概念。

个人主义的兴起

关于女性的社会活动和哲学写作都建立在以上这两种思维方式的基础上,尽管许多作家经常将两者结合使用。1890 年至 1920 年,这两种观点似乎是互补的。但到了 1920 年,它们的目标出现了分歧,开始反映女性的不同需求和经历。

对人权的个人主义式尊重、对与性别相关的性格特质的不屑一顾,是第二次世界大战后新一代女性的代表性思维方式。

第一波女性主义

我们认为**第一波女性主义**是指 19 世纪下半叶在英国和美国发展起来的**有组织的**女权主义活动。这种有组织的运动应归功于 18 世纪的各种独立和零星的女权主义活动。

我们挑战了女性所处的普遍现状：缺乏受教育的机会、不平等的就业环境和不公正的婚姻法。

我们也反思了中产阶级单身女性的困境。

她们并没有特别关注工人阶级的女性，也没有将自己称为女权主义者（这是 1895 年诞生的一个术语）。她们最关心的是个人经历的不公正。

第一波女性主义者取得的主要成就包括：高等教育向女性开放，改革年轻女性的中等教育环境；1870年，英国颁布了《已婚妇女财产法》。直到1914年第一次世界大战爆发，英国选举暂停时，第一波女性主义者一直活跃在英国。不过，她们仍然未能赢得女性投票权。

第一波女性主义的里程碑

1770—1784年	阿比盖尔·亚当斯与丈夫通信；
1792年	玛丽·沃斯通克拉夫特出版《为女性的权利辩护》（A Vindication of the Rights of Woman）；
1821年	弗朗西丝·赖特出版《美国的社会观点与习俗》（Views of Society and Manners in America）；
1837年	哈丽特·马丁瑙出版《美国社会》（Society in America）；
1837年	安吉丽娜·格里姆克（Angelina Grimké）在公众场合演讲，主张废除死刑和争取女性的选举权；
1837年	卢克蕾西亚·莫特和伊丽莎白·凯迪出席在伦敦举办的世界反奴隶制大会
1848年	塞内卡福尔斯大会举办；
1851年	哈丽特·泰勒·密尔出版《女性的选举权》（The Enfranchisement of Women）；
1854年	卡罗琳·诺顿出版《19世纪英国有关女性的法律》（English Laws for Women in the 19th Century）；
1866年	芭芭拉·博迪钦成立妇女选举委员会（Women's Suffrage Committee）；
1869年	约翰·斯图尔特·密尔出版《女性的从属地位》（The Subjection of Women）；
1870年	英国颁布《已婚妇女财产法》；
1892年	新西兰妇女获得选举权；
1902年	在华盛顿举行了妇女选举权会议；
1903年	埃米琳·潘克赫斯特创立了女性社会与政治联盟（Woman's Social and Political Union，简称WSPU）；
1905年	维达·戈尔茨坦创办了《女性领域》（Women's Sphere）；
1909年	维达·戈尔茨坦创办了《女性选民》（Woman Voter）；
1914—1918年	第一次世界大战。

弗里德里希·恩格斯

1884年，弗里德里希·恩格斯撰写了《家庭、私有制和国家的起源》。在这部作品中，他论证了作为单位的家庭对于资本主义的成功至关重要。

记得为女士们考虑

早在 18 世纪末,阿比盖尔·亚当斯在她关于性别关系的看法中,就已经将个人主义女性观和关系中的女性观结合起来。

阿比盖尔·亚当斯(Abigail Adams, 1744—1818),美国第二任总统约翰·亚当斯的妻子,是她那个时代最有影响力的女性之一。在美国独立战争(1775—1783)期间,由于丈夫的政治承诺,她和丈夫分居了。她定期写信给约翰,敦促他在起草《独立宣言》时"记得为女士们考虑"。在她死后,她的信件由孙子整理出版。

除了要求妇女在法律中享有平等的代表权外，阿比盖尔还警告道，不要剥夺妇女接受教育和获得社会平等权利的机会。"如果你抱怨我忽视了对儿子的教育，我该怎么对女儿交代呢？我衷心希望我们的新宪法能够以鼓励学习和美德而闻名。"

阿比盖尔的观点虽然在小圈子里很有影响力，但基本上不为公众所知。在《独立宣言》发表前两个月，她抱怨道："当你向人们宣布和平与善意，要解放所有的国民的时候，却坚持对你的妻子拥有绝对的权力。但你必须记住，不受约束的权力就像其他那些看起来很坚硬的东西，是很容易被打破的。"

玛丽·沃斯通克拉夫特

阿比盖尔·亚当斯并不是唯一为女性发声的人。阿比盖尔曾警告说,对女性的社会和法律歧视会长期存在。1792年,受到美国和法国革命思想影响的英国作家**玛丽·沃斯通克拉夫特**(Mary Wollstonecraft, 1759—1797)呼吁,妇女应拥有充分参与政治的公民权利和义务。

与其他早期英国的女性主义相似,我将男性的权力比作政治上的专制。

沃斯通克拉夫特的《为女性的权利辩护》(1792)的出版,被普遍认为是第一次有意识地讨论性别歧视的问题。

非传统的生活

沃斯通克拉夫特以她那个时代的标准来看,过着一种远非传统的生活。她出生在一个贫穷的家庭,不得不同时做几份工作来养活自己,例如,做一名女士的女伴,然后做家庭教师。她 19 岁开始写作,并出版了《论如何教育女儿》(Thoughts on the Education of Daughters,1787),其中描述了像她这样受过教育的年轻女孩被迫为"有钱的傻瓜"工作的情况。

那一年,我在伦敦的出版商那里获得了编辑助理的职位,这个机会永远改变了我的生活。

沃斯通克拉夫特深深地爱上了已婚画家兼哲学家**亨利·福塞利**（Henri Fuseli）。她并没有向他透露自己的激情，而是逃到法国，在那里她结识了**美国作家吉尔伯特·伊姆莱**（Gilbert Imlay），并爱上了他。

威廉·戈德温

我自称是伊姆莱的妻子，并与他未婚生子。

当她与伊姆莱的关系破裂时，政治作家、她长期的好友**威廉·戈德温**（William Godwin）安慰了她，她与戈德温开始了一段充满激情的关系，很快又怀孕了。沃斯通克拉夫特说服戈德温与她结婚，从而挽救了自己的声誉。她在生下第二个女儿**玛丽·戈德温**（即后来的玛丽·雪莱，《弗兰肯斯坦》的作者）的十天后去世。

反对卢梭

沃斯通克拉夫特写了《为女性的权利辩护》,以回应瑞士裔法国籍哲学家**让-雅克·卢梭**(Jean-Jacques Rousseau,1712—1778)的著作《爱弥儿》(*Emile*),该书声称女性多愁善感而又轻浮,在婚姻中,她们只能作为丈夫的伴侣,处于从属地位。

作为英国女性选举权运动的先驱,沃斯通克拉夫特直言不讳地表示需要挑战约定俗成的性别角色。她提倡妇女受教育,并主张她们有权参与公共生活,她宣称:

我并不希望女性凌驾于男性之上;但她们应该是她们自己。

理智和情感

作为一名信奉**自由主义的女性主义者**,沃斯通克拉夫特认为,国家有责任保护公民的自由,如投票权、财产权和言论自由。

因此,当社会剥夺了女性发展其理性的能力或成为参与社会承诺的道德者的机会时,也就剥夺了她们基本的公民自由。

在这方面,仅仅教女孩读浪漫小说、演奏音乐、唱歌和朗诵诗歌,将以牺牲她们的理性为代价来滋养她们的情感。沃斯通克拉夫特总结道,在这种无聊的追求中受过教育的女孩更有可能产生情感依赖,逃避家庭责任,沉迷于道德上应受谴责的某些行为。然而,理性和独立的女性能发展其道德能力,使她们能够成为"细心的女儿""深情的姐妹""理智的母亲"和"忠实的妻子"。

丈夫的神圣权利

沃斯通克拉夫特认为,理想的婚姻是智力上的陪伴和平等。她对当代的社会信仰提出挑战并宣称:

人们希望,在这个开明的时代,丈夫的神圣权利就像国王的神圣权利一样,可以毫无危险地赢得。

沃斯通克拉夫特分析的优势在于,她认为有必要教育妇女,使她们能够实现经济独立。然而,传统上与男性相关的某些特质在她的观点中被赋予特权,她还主张女性也拥有这些特质,不过,这些观点都非常有局限性,如今也都存在着争议。沃斯通克拉夫特没有解决女性无法进入公共领域的问题,她对女性的激励仍然仅仅停留在理论上。

在英国，沃斯通克拉夫特为女权辩护著作的传播效果，因其丈夫撰写的回忆录（1798）的出版而受到损害。正如我们看到的，作为一个单身母亲，她直到很晚才结婚，并且她曾两次试图自杀，沃斯通克拉夫特的生活几乎称得上特立独行。那部回忆录夸大了她生活中的一些细节，这些细节通常会被认为是不道德的、有争议的。

此外，她对性别平等的热情主张和对法国大革命的同情，让她的一些支持者疏远了她。**霍勒斯·沃波尔**（Horace Walpole）称她为……

> 穿着衬裙的鬣狗。

结果，《为女性的权利辩护》直到1844年才有机会出版，沃斯通克拉夫特本人也被当作情绪失控的不良典型。

格里姆克姐妹

阿比盖尔·亚当斯和玛丽·沃斯通克拉夫特并不孤单。

安吉丽娜·格里姆克（Angelina Grimké,1805—1879）是美国反奴隶制协会的主要倡导者，也是女性权利的公共发言人，她发现自己作为美国最早发声的女性之一而成为公众关注的焦点。在 1838 年的一次公开演讲中，她警告女性听众们：

那些在奴隶们的头上挥舞皮鞭的男人，也控制着这个国家的议会：他们拒绝承认我们因性别和种族而遭遇不公对待时拥有抗议权和请愿权。

她敦促她们把目光投向英国,在那里,"女性通过向维多利亚女王请愿,为废除殖民地的奴隶制做出了巨大贡献"。格里姆克坚持认为,如果女性团结起来为自己的权利请愿,国会就不可能忽视她们的力量。

当如此处境中的美国女性向议会请愿,如英国女性所做的那样,她们也会引起我国立法机构的重视——正如同英国议会所为,并且他们会说,"当所有的年轻女人和夫人都来敲我们的门,我们必须为此而立法"。

1838年,格里姆克成为第一位被允许在立法机构发表演讲的美国女性。

安吉丽娜的姐姐**莎拉·格里姆克**（Sarah Grimké，1792—1873）也是废奴主义和妇女权利的代言人。这对姐妹的多次公开露面违背了当时公认的标准，在社交圈引起了愤怒。她们确信，男女生而平等，女性应享有与男性相同的社会和公民自由，这引起了公众的广泛争议。神职人员批评他们举止像男人。

在安吉丽娜写给凯瑟琳·比彻（Catherine Beecher）的一封信中，她回应了阿比盖尔·亚当斯关于女性的反抗的警告：

1820—1880，对家庭生活的推崇

英国和美国的社会改革的倡导者们试图通过举办大量公众讲座、创办社团和撰写有关女性问题的文章来表达自己的观点。最值得注意的，是英裔美国作家弗朗西丝·赖特——那索巴公社的创始人，于1818年至1820年在美国举办了巡回演讲，并在《美国的社会观点与习俗》（1821）中阐述了她对女性问题的印象。她成为美国文学界的活跃成员，并发表了一系列有关普及教育、生育控制和女性平权的重要性的文章。

参与早期女性主义运动的人士需要克服巨大的障碍。1820—1880 年的出版物，主要还是描绘有关女性的刻板形象。

各种各样的行为指南、文学作品和公开的说教都助长了**对家庭生活的推崇**长期存在，这种做法严格地将女性限定在家庭生活之内，而将男性视为公共角色。任何跨越性别界限的迹象，都被视作对社会等级制度的稳定的威胁。下面的例子就很好地说明了这一点。

在英国，1798 年戈德温对玛丽·沃斯通克拉夫特的充满丑闻的回忆录出版后，又掀起了一股反对沃斯通克拉夫特思想的浪潮——最著名的是**莎拉·埃利斯**（Sarah Ellis）的《英格兰妇女、英格兰母亲和英格兰女儿》。

男人和女人的行为准则

马修·凯里(Matthew Carey)是一位出生于爱尔兰的出版商,他住在费城,写过各种有关道德和教育问题的文章。1830年,他发表了一篇题为《丈夫和妻子的行为准则》的文章,建议丈夫平等对待妻子。他将自己的建议总结为格言,并强调"恒久忍耐"是幸福婚姻的最佳秘诀。

1. 一个好丈夫总是把妻子视为与自己平等的人,善待、尊重和关注她,永远不会用带着权威的语气来称呼她,而一些差劲的丈夫对待自己的妻子像对待管家。
2. 他永远不会去干涉她管理家庭、雇用仆人等事务。
3. 他会一直慷慨地为她提供金钱,让她按照收入来布置他的桌子,并购买符合她的身份的衣服。
4. 当她提出合理的要求时,他会立即欣然满足她的要求,而不会对此大打折扣或设置障碍。
5. 他决不允许自己对她乱发脾气,因为他知道,她要履行的家庭职责是很困难的,他不会因为她不善烹饪,或者吃饭时间不规律,或者她在管理仆人上的失误而对她发火。
6. 如果她行事谨慎、有良好的判断力,他会在做出一切涉及家庭的重大决策之前征求她的意见,包括面临巨大风险或在他的事业失败会给家庭造成严重伤害之时。

   许多男人因为妻子的明智建议,规避了灭顶之灾。许多不明智的丈夫由于拒绝妻子的建议而对自己和家人造成了非常严重的伤害,他们担心,如果他听从了妻子的建议,他会被认为是被她统治的!其实,丈夫再也找不到比妻子更关心他的福利的顾问了。
7. 如果他处于苦恼或尴尬中,他会坦率地与她沟通自己的处境,以便她在家庭开支中考虑到他的经济困难。有时,女人认为丈夫的处境比他们实际情况要好得多,所以会花掉他们其实无法负担的金钱,如果她们知道自己家庭的真实处境,她们就会缩减开支。

1. 一个好妻子总是会微笑着接待她的丈夫——为了让家变得舒适,她会毫不犹豫地回报丈夫的好意和关心。
2. 她将研究如何满足他在以下方面的喜好:食物和烹饪,管理家庭,她的衣着、态度和举止。
3. 她永远不会试图管制丈夫,也不会表现出管制丈夫的样子。这样的行为会导致丈夫堕落,而妻子也总会随之堕落。
4. 她会在一切合理的事情上遵从他的意愿,并尽可能地预想他的意愿。
5. 她将避免所有导致不愉快的争吵或争论,尤其是在他的朋友面前。
6. 除非他征求她的意见或建议,否则她决不会试图干涉他的事业,也决不会试图控制他的事业。

如果夫妻之间出现分歧,真正的胜者不应该是表现得最强势的人,而是最先做出让步的人。在已婚者中,这种"宽忍"是一切幸福的源泉,这种忍耐精神是自尊和夫妻感情相结合的合理产物。

凯里试图强调的,仍然是男性和女性生活的不同领域。女人应被限制在家庭管理工作中,而男人则属于公共领域,他们在社会中赚钱养家。尽管凯里强调丈夫和妻子之间的平等和尊重,但他仍然在夫妻关系中建立起一种明确的等级制度。

哈丽特·泰勒·密尔

哈丽特·泰勒·密尔（Harriet Taylor Mill，1807—1858）和**约翰·斯图尔特·密尔**（John Stuart Mill，1806—1873）是两位关键人物，他们支持沃斯通克拉夫特的自由女权主义思想，并在19世纪下半叶对其进行了扩展。他们也过着非传统的私人生活。哈丽特·泰勒在丈夫约翰·泰勒的允许下，与约翰·斯图尔特·密尔相识并开始了长期的关系。哈丽特和密尔互相吸引，尽管如此，人们相信他们一直保持着柏拉图式的恋爱关系，直到约翰·泰勒去世后，他们才结婚。

在这场旷世之恋开始时,约翰·斯图尔特·密尔每晚都会去哈丽特和约翰·泰勒家做客。尽管泰勒爱他的妻子,但他通常会离开俱乐部,让哈丽特和密尔独处。

后来,我们经常在英格兰海滩上共同度过周末。

按照维多利亚时代的标准来看,这样的安排几乎称得上是一桩丑闻。不久后,约翰·泰勒要求与妻子分居。

然而,当泰勒得知自己已经是癌症晚期病人时,他要求妻子回家照顾他。哈丽特发现自己处于两难之中,因为约翰·斯图尔特·密尔当时臀部受了伤,而且罹患暂时性的失明,需要她的照顾。最终,哈丽特还是对丈夫倾注了所有心血,一直照顾他,直到他去世。

理论和实践

密尔夫妇在婚前是否有过性关系,目前仍不确定。在他们的写作中有证据表明,他们认为这种性行为本质上是有辱人格的。其他证据表明,约翰·斯图尔特·密尔可能有阳痿,而哈丽特可能从她的第一任丈夫那里感染了梅毒。他们反传统的生活方式和可疑的性关系,为他们发表的许多关于两性平等的文章提供了素材。

我们的自由主义立场,部分源于我们相信理论和实践是联系在一起的。

他们的两篇文章,一篇是《女性的选举权》(1851),另一篇是《女性的从属地位》(1869),证实了他们是从知情者的角度来撰写性别歧视问题的。他们在反对性别歧视的原则上是一致的,但两人的解决方案存在分歧,这一点也进一步证明了他们是作为独立个体来面对性别歧视问题的。

哈丽特被认为是关于女性选举权的一篇文章的主要作者。

在夫妻离婚的情况下，母亲应获得孩子的监护权，因为母亲与孩子之间的纽带比父亲的纽带更牢固。

性别不平等是由社会习俗强加给妇女的，不应被视为生理上的自然结果。

哈丽特还详细阐释了沃斯通克拉夫特对女性教育的主张，并补充说，还应允许女性在与男性平等的基础上工作，并期待她们为法律和司法事业做出贡献。她提出，女性有可能保持母职与工作需求的平衡，并强调工作对于保持女性的理性是必要的。

专职仆人

与沃斯通克拉夫特相似,泰勒清晰地强调了将女性孤立起来造成的社会障碍,它们阻碍着女性争取与男性平等的地位的一切尝试。然而,与其先行者相似,泰勒的论点在很大程度上是特定社会阶层的产物。

与沃斯通克拉夫特一样,我承认,女性每天预计要完成的日常家务活儿,占据了她们的大部分时间和精力。

我们两人都意识到,女性的确需要专职仆人来协助她们处理家庭琐事。

让作为妻子和母亲的女性接受教育,并拥有进入职场的能力,这是少数富裕、负担得起的女性才可能实现的一种奢侈。

"男人"或是"人"?

约翰·斯图尔特·密尔关于女性从属地位的文章确立了一个民族的文明程度与其中女性的社会地位相关的观点。他反对有关两性之本性的本质主义观点。

最重要的是,密尔指出,除非女性参与学术讨论和获得教育的努力得到全社会的支持,否则她们的观念只能是由一小部分个人观察和大部分渗透着模仿的含混想法组成。

成为议员后,密尔对1867年《美国宪法修正案》提出建议,将"男人"一词替换为"人"。尽管这个修订意见最后被否决了,但它引发了一场诉讼,要求该修正案中指向男性的词语将女性也包括在内。

尽管密尔的想法颇具挑战性，但他接下来的评论显得非常奇怪。他认为，即使女性有机会就业，大多数女性仍然会选择家庭生活。

因为作为妻子和母亲的职责，将几乎占据她们全部的时间和精力。

泰勒和密尔都是社会改革派。他们的想法在当时是独创的，极具争议性，但他们仍然持有许多关于性别的错误观念，后来的批评者一直试图消除这些错误观念。例如，他们都认为做母亲是比做父亲更重要、更自然的事情；他们虽然对赋予母亲和父亲特殊角色的家庭内部分工的观念提出了挑战，但并没有提出切实可行的解决方案。

卡罗琳·诺顿

当社会改革派和政治活动家忙于撰写、讲授和辩论"妇女问题"时,法律本身受到质疑的具体案件也逐渐进入了公众视野。

> 我们开始参与争取政治权利的活动,并不是因为我们自认是女权主义者,而是我们的生活迫使我们奋起保护自己,并发出我们自己的声音。

In the *** time hath wrought on love
(The sn*** summer prime),
Should a chance s*** or sudden tear-drop move
Thy heart to memory of the olden time;
Turn not to gaze o*** pitying eyes,
Nor mock me w*** renewed;
But from the *** ved, arise
And leave m***
What boots ***
Shoots from *** nce it came,
We gaze upon *** must expire:
And know the *** will break;
Therefore no pity, ***
Be cold, be careless – for thy past love's sake!

小说家和诗人**卡罗琳·诺顿女士**(Lady Caroline Norton, 1808—1877)在丈夫与她离婚后,成了女权主义的代言人。1839年,她争夺孩子的监护权和财产权是一个关键的事件,凸显了陷入不幸婚姻的母亲的困境。

已婚女性的法律地位

19世纪初,欧美的已婚女性所能拥有的法律地位,仅仅是作为其丈夫的妻子。由于这种特定的法律地位,没有一个女人能够成为诉讼的当事人或陪审团成员。丧偶后,已婚女性也没有财产权或书写遗嘱的权利。在儿童的监护权由法院决定的情况下,监护权也通常被判归孩子的父亲。

卡罗琳以美貌和才智著称,但她嫁给了乔治·诺顿,一个迟钝、有暴力倾向、不忠于婚姻的男人。

卡罗琳的诗作为她赢得了越来越多的声誉,此时,她与梅尔本子爵开始了一段柏拉图式的恋情,但两人的关系被她的丈夫视作一桩丑闻。

虽然乔治·诺顿最初鼓励这种友谊,希望以此为自己赢得更高的社会地位,但他很快就决定起诉离婚,并以"罪恶交流"(criminal conversation)——通奸罪——起诉梅尔本子爵。

《儿童监护法》

因此，卡罗琳被拒绝与他们的三个孩子接触。乔治还指控妻子在性方面不够检点，并声称她的成功和她坚强的性格就是她性越轨的表现，以此来破坏妻子的声誉。卡罗琳向一位律师寻求了帮助，这位律师在议会为通过儿童监护法案做斗争，与此同时，卡罗琳撰写了《就〈儿童监护法〉致大法官的一封短信》（1839）。

这一备受瞩目的案件导致英国议会于1839年通过了《儿童监护法》，允许"无可非议的"母亲拥有七岁以下幼儿的监护权，还有权定期探望年龄较大的孩子。

《婚姻诉讼法》

在独居生活中,卡罗琳·诺顿靠写作养活自己。然而,作为**有夫之妇**(femme covert),她的收入在法律上属于她的丈夫。

直到我再次到法院,起诉他没有向我支付合理的生活费,有关已婚女性财产权的法律改革才被提上了日程。

诺顿继续对女性的法律地位进行了更多的研究,最终出版了《19世纪英国有关女性的法律》(1856)一书。这本书与有25000名妇女签名的支持已婚女性拥有财产所有权的请愿书一起,促成了1857年的英国《婚姻诉讼法》的诞生,这一法案是1870年《婚姻诉讼法》的前身,后者允许妻子支配自己的合法收益和继承财产。

诺顿的措辞极具技巧,她坚称自己并不希望女性拥有超越男性的地位,而是承认女性在很多方面仍要服从拥有权力的男性。她巧妙地将自己文章的重点转化为,呼吁从法律上保护女性。

我的作品并非充满叛逆精神,也没有提出过于激进的性别完全平等的主张,它仅仅提出了保护的诉求。

"对离婚造成'损害'的充满算计的和不确定的推断,对于离婚诉讼做出的匪夷所思的下流小动作,在离婚诉讼中作为被告的女性不允许自我辩护,也不能由律师出庭辩护——这一令人难以置信的事实,对母亲拥有婴儿权利的勉勉强强的承认,这些都是令人憎恶和不可理喻的。"

卡罗琳·诺顿的成功为19世纪后期更具实质性意义的法律改革铺平了道路。但是,当时的法律主要还是站在父权的立场上,保留了一些男女不平等的条款。

凯瑟琳·海伦·斯宾塞

凯瑟琳·海伦·斯宾塞(Catherine Helen Spence,1825—1910)是一位出生于苏格兰的澳大利亚女权主义者。斯宾塞以小说作家的身份开始参与公共事务。1872年,她还为《南澳纪事报》撰写了文学评论。

作为一名社会改革家,斯宾塞为女性的受教育权、选举权和离婚法案改革而奔走。

我成为澳大利亚第一个女性政治候选人,参加了1897年在阿德莱德举办的联邦大会。

虽然斯宾塞当时没有当选,但她作为主要的女性参政者和社会活动家而赢得了极高的声誉。她被称为"澳大利亚最伟大的女性"和"澳大利亚伟大的祖母",她的头像也被印在五元纸币上。

1848年纽约，塞内卡福尔斯大会

与此同时，在美国，废除奴隶制的斗争呈现出强劲的势头，争取女性选举权的社会活动人士继续与废奴主义者结盟。美国女权运动的参与者也在寻求与她们在欧洲的"姐妹"建立联系的机会。

1840年，**卢克蕾西亚·莫特**（Lucretia Mott，1793—1880）和**伊丽莎白·凯迪·斯坦顿**（Elizabeth Cady Stanton，1815—1902）前往伦敦参加世界反奴隶制大会（World Anti-Slavery Convention）。

卢克蕾西亚·莫特

伊丽莎白·凯迪·斯坦顿

> 虽然我们和作为大会代表的丈夫一同去了会议现场，但我们没能真正参加这次大会，而是被迫坐在将我们与男性观众和男性演讲者隔离开来的帘幕后面。

当莫特和斯坦顿回到纽约后，决定组织一次大会，邀请女性女权主义者和对此感兴趣的男性参加。目的是讨论教育、婚姻和财产法中的性别平等问题。

以下是这次大会邀请函的文本：

妇女权利大会——7月19日和20日（星期三和星期四），新泽西州塞内卡福尔斯的卫斯理教堂内，将举行一场讨论女性的社会、公民和宗教状况及权利的大会；本次大会将于上午10点开始。第一天，大会仅限女性参加，我们诚挚地邀请女性朋友们参加。第二天，来自费城的卢克蕾西亚·莫特和其他女士们、先生们将在大会上发言，社会各界人士都将被邀请出席。

斯坦顿发表了题为"现在，我们要求投票权"的主题演讲。她郑重告诫执政者，"只要你们的女人仍是奴隶，你们就已经把大学和教堂抛到九霄云外了"。

只要你们的母亲还在被专制和欲望压迫，你们就不可能拥有真正的学者和圣徒。

一份女性的独立宣言

在大会的闭幕式上,一份女性的独立宣言被公布了——《情感宣言和决议》。它的风格模仿了美国《独立宣言》,以"我们认为以下真理不言自明,人人生而平等"开始。这次大会共通过了11项决议,包括:

> 我们决定:所有阻止女性在社会中占据与其良知相匹配的地位,或将女性置于低于男性地位的法律,都违背了自然的伟大法则,因此没有任何效力或权威。
>
> 我们决定:女人和男人是平等的,这是造物主的本意,这个种族的最高利益要求,女人应该被承认是平等的。
>
> 我们决定:这个国家的女性有责任确保自己的享有选举权的神圣权利。

许多历史学家将塞内卡福尔斯大会视为美国第一波女权活动的开端,其主要目的是实现女性的选举权;有了投票权,女性将能够挑战不公正的法律,并参与保障其权利的新法律的实施。

女式灯笼裤的出现

塞内卡福尔斯大会召开后的一年里,美国女权主义者利用各种方法提请公众注意到不公正的法律和歧视性的社会标准。**伊丽莎白·史密斯·米勒**(Elizabeth Smith Miller)是一位著名的女权主义活动家,她穿着一条"土耳其裤"在塞内卡福尔斯的街道上游行。这一时尚宣言引起了美国第一份女权主义报纸《莉莉》(Lily)的出版商兼编辑艾米丽娅·詹克斯·布鲁默(Amelia Jenks Bloomer)的注意。

布鲁默开始了一场服装改革运动,将这条裤子命名为"布鲁默",这条裤子在脚踝处收紧,通常在短裙里穿。

我穿着灯笼裤去做讲演。

它也是骑自行车的理想服装!

尽管灯笼裤具有实际用途和政治内涵,但许多女权主义者后来还是放弃了灯笼裤,她们担心,尽管有必要,但对改革服装的强调,可能会分散人们对更重要的女性权利问题的关注。

19世纪50年代的美国

19世纪50年代是美国社会和政治发生巨大变化的时期。最著名的两位女性人物是伊丽莎白·凯迪·斯坦顿和**苏珊·B.安东尼**（Susan B.Anthony，1820—1906）。斯坦顿在生育、性行为和有关离婚的法律上为女性争取权利，并多次提醒听众关注女性被奴役的地位。

安东尼是一位自由派贵格会教徒，也是一位执着的激进改革者。1851年，当她遇到斯坦顿后，就开始积极参与女权运动。她们一起组织了全国妇女选举权协会，并创办了一份报纸《革命》，报道女性遭受的各种不公正对待。

国际妇女理事会

为了引起公众对女性投票权问题的关注,安东尼于1872年公开登记为选民并参与了投票。

1883年,她前往欧洲,会见了多位女权活动家。她参与创立了**国际妇女理事会**(The International Council of Women,简称ICW,1888),该理事会包括来自九个国家和地区(加拿大、美国、爱尔兰、印度、英国、芬兰、丹麦、法国和挪威)的四十九名代表。ICW在华盛顿召开的第一次会议通过了理事会宪章草案。它定期举行各国和国际妇女大会,是一个极具影响力的组织,在其推动下,1896年在新南威尔士州成立了澳大利亚全国妇女理事会。

安东尼一直在各种大会上发声，直到晚年。1979年，美国铸币局发行了苏珊·B.安东尼银圆硬币，以表彰她的贡献。

女性是自然人（persons）吗？我很难相信我们的任何对手会有勇气说她们不是。

那么，作为自然人的女性就是**公民**（citizens）；任何国家都无权制定任何法律或执行任何旧的法律，来限制女性的公民权或受保护权。

因此，美国的宪法和若干州的法律中对女性的每一个带有歧视性的条款，今天都应被视作是无效的……

19世纪50年代的英国

19世纪50年代,女权主义运动在英国重新兴起,由于进行了多次备受瞩目的法律斗争,越来越多的中产阶级单身女性也投入争取经济独立的活动中,英国出台了一系列重要的相关立法。这一时期女性主义的关键人物包括**哈丽特·马丁瑙**(Harriet Martineau,1802—1876)和**芭芭拉·利·史密斯·博迪钦**(Barbara Leigh Smith Bodichon,1827—1891)。

哈丽特·马丁瑙出生于一个一神论的(Unitarian)家庭,她的父母支持女孩接受教育。

我与我的兄弟们接受了一样的教育,却没能像他们一样顺利进入大学。

她在题为《论女性的教育》(1823)的匿名出版物中对此提出抗议。她的哥哥詹姆斯称赞了这篇文章,并建议她:"亲爱的妹妹,让其他女人来做裙子和织补袜子吧,你要全身心投入这件事。"

马丁瑙一生都致力于写关于政治学和经济学的作品，强调社会改革的必要性。结束了到美国的旅行（1834—1836），回到英国后，她写了一篇关于女性没有任何政治地位的文章。根据她的观察，当时的女性被当作奴隶对待。

在马丁瑙的一生中，她一直在为年轻女性争取平等的就业和接受公立教育的机会。她还在文章中表示支持女性加入医疗行业。

芭芭拉·博迪钦

芭芭拉·博迪钦的家庭背景很有意思。她的父亲本杰明·利·史密斯来自一个一神论的激进信徒家庭，史密斯家族曾反对奴隶贸易并支持法国大革命。芭芭拉是父亲引诱17岁的安妮·朗登而生的私生女。安妮一直与史密斯同居，是他事实上的妻子。芭芭拉七岁时，安妮去世。

芭芭拉的父亲是女性权利的倡导者，他鼓励女儿经济独立，每年为她提供300法郎的津贴。

芭芭拉·博迪钦

> 有了这笔收入，我才能搬到伦敦居住，并成功地成为作家和活动家。

和马丁瑙一样，芭芭拉·博迪钦也积极支持女性做医生及接受高等教育。她与卡罗琳·诺顿一起为旨在保护离婚女性及其财产权的立法改革而奔走。

尽管芭芭拉原则上反对婚姻，但她后来还是决定嫁给尤金·博迪钦。这位法国的退役军官持有激进的政治观点，支持芭芭拉为实现妇女权利所做的一切努力。

1866年，芭芭拉成立了妇女选举委员会（Women's Suffrage Committee）。委员会的成员共同撰写了一份有1500名女性签名的选举请愿书，约翰·斯图尔特·密尔同意代表她们向下议院提交。6月7日，委员会选择**艾米莉·戴维斯**（Emily Davies）和**伊丽莎白·加勒特**（Elizabeth Garrett）将这一大卷羊皮纸搬入威斯敏斯特宫。

伊丽莎白·加勒特

> 为了不被发现，我让一个卖苹果的女人把羊皮纸卷藏在她的货架下面。

> 得知其内容后，我坚持要加上我的签名，

> ……因此它再次被展开。

博迪钦最为人称道的是她为剑桥第一所女子学院筹集资金所做的努力。这就是格顿（Girton）学院，于1873年成立，但直到1948年，它才完全放开招收女学生。

兰厄姆广场

"兰厄姆广场"（Langham Place）是一个由一群中产阶级女性活动家组成的圈子，她们讨论并发表对女性权利的看法。她们通常在伦敦兰厄姆广场 19 号会面，这个地址作为第一波女性主义的总部而更为人所熟知。其中很活跃的两个成员分别是芭芭拉·博迪钦和**贝西·瑞内尔·帕克斯**（Bessie Rayner Parkes），她们共同在此创办了《英国妇女杂志》（*The Englishwoman's Review*），创建了妇女就业促进会（Society for the Promoting of the Employment of Women，简称 SPEW）。

贝西·瑞内尔·帕克斯

我们讨论了给女性提供做妻子和当母亲之外的机会。

除了成为女教师，女性几乎没有其他工作机会，而女孩接受的少得可怜的教育，让她们也很难做好女教师。

哈丽特·马丁瑙写过一篇令人难忘的文章，题为《女性工业》(Female Industry)。她认为，中产阶级的女性应该有更广泛的职业选择。

她们应该明白，工作不会降低她们的地位。

马丁瑙挑战了对女性充满限制的一种社会成见，这种观点认为"淑女"不应该出去工作，而应该将"足够多"的精力集中于家庭和家庭事务上。

埃米琳·潘克赫斯特

英国的妇女选举权运动提出了一系列女权主义的要求,包括投票权、工作而非仅仅在家中照管孩子、妇女同工同酬以及给所有孩子——无论男孩还是女孩——的家庭津贴。

1865年,第一个妇女选举权协会在曼彻斯特成立,并在伦敦、伯明翰和布里斯托尔陆续设立了分会。1889年,**"女权同盟"**(Women's Franchise League)成立。同盟中最著名的成员是**埃米琳·潘克赫斯特**(Emmeline Pankhurst,1858—1928)。

我们的同盟捍卫已婚妇女的权利,这是一个曾经被女权运动忽视的群体。

事实上,即使在争取选举权的运动中,已婚妇女通常也被排除在议程之外。

女性社会与政治联盟

埃米琳·潘克赫斯特出生于曼彻斯特,就读于巴黎的女子师范学院。她嫁给了一位倡导女性权利平等的律师,并于 1903 年创立了**女性社会与政治联盟**(Woman's Social and Political Union,简称 WSPU),这是一个致力于为英国女性争取选举权的组织。埃米琳在伦敦公开集会,并带领抗议游行的女性前往下议院。

但与此有关的立法几乎没有任何变化,所以我决定不再采用合法的手段,而是明确地违反法律,以吸引公众对联盟的注意。

WSPU 开始变得富有侵略性,她们砸碎橱窗,焚烧无人居住的建筑物,并在政治集会上起哄,或者把她们自己拴在栏杆上。

暴力式争取女性选举权活动

到1911年,女性的参政权仍未实现。妇女参政论者变得更加暴力,她们纵火、切断电话线、烧毁电话盒、在公共画廊砍画、向商业建筑投掷炸弹。1908年,潘克赫斯特首次入狱,她通过绝食进行抗议。在随后的逮捕中,她进行了十次绝食抗议。每次绝食后她都会被释放,然后根据她的健康状况又重新逮捕她。她得到了三个女儿的帮助,她们都像她一样精力充沛而投入。

女性总是在为男人和他们的孩子而奋斗。现在,她们准备好了为自己的权益而奋斗。我们斗志昂扬的运动开始了。

在法庭的自我辩护中,她如此捍卫自己的权利:

在第一次世界大战期间,政府释放了监狱里被关押的所有女权运动者,并为 WSPU 提供了两千英镑,作为女士们的军事活动以及参与战争的回报。

潘克赫斯特在伦敦组织了一场示威活动,呼吁工会允许女性从事传统上仅为男性保留的职业。横幅上印着下面的标语:

澳大利亚女性的选举权

澳大利亚女权主义的先驱**维达·戈尔茨坦**（Vida Goldstein，1869—1949）是女性选举权史上的重要人物。1899年，她在墨尔本圣基尔达（St Kilda）创办了学校，并担任校长。此后，维达决定投入争取女性选举权的社会活动和维多利亚女王医院的女性竞选活动中。

戈尔茨坦前往英国和美国参加各种女权主义会议，并于1902年参加了在华盛顿特区举办的妇女选举权大会。

我以澳大利亚和新西兰女性代表的身份，在这次大会上发言。

戈尔茨坦是社会改革家，并且于 1903 年成为第一位参加英国议会竞选的澳大利亚女性候选人。尽管她争取参议院席位的首次竞选活动失败了，但她后来连续五年（1910—1915）都参加了议会的竞选（这些努力都失败了）。

> 我创办了一份女性主义月刊**《女性领域》**（1899—1905），1909 年又创办了**《女性选民》**。

> 我为支持生育控制和平等入籍而写作。

戈尔茨坦也是和平主义者。第一次世界大战期间，她担任和平联盟（Peace Alliance）主席，组建了妇女和平队，并招募了积极争取英国女性参政权的阿德拉·潘克赫斯特（Adela Pankhurst）加入和平队。

争取女性选举权的里程碑

争取妇女享有充分投票权的斗争一直进展缓慢，有时甚至需要诉诸暴力手段。但实现普遍的选举权是女权主义运动史上的一座辉煌的里程碑。

1892 年　新西兰是第一个授予女性选举权的国家；女性在 1902 年的选举中投票，引发了世界各地的女性参政活动浪潮。
1902 年　澳大利亚女性获得了选举权。
1906 年　芬兰的投票权扩大到了女性。
1913 年　挪威。
1915 年　丹麦。
1917 年　荷兰和苏联。
1918 年　加拿大和卢森堡。30 岁以上的英国女性获得投票权。
1919 年　奥地利、捷克斯洛伐克、德国、波兰和瑞典。比利时给予女性部分投票权。
1920 年　美国妇女获得投票权。
1928 年　21 岁及以上的英国女性获得了完全投票权。
1929 年　厄瓜多尔的女性有了选举权。
1934 年　土耳其在全国选举中给予女性选举权。
1944 年　法国女性拥有了选举权。
1946 年　女性在日本获得投票权。
1947 年　中国、阿根廷。
1948 年　韩国女性首次在选举中投票；比利时女性获得完全投票权。
1949 年　叙利亚女性获得选举权。
1955 年　受过教育的伊拉克女可以投票。
1956 年　新宪法保障埃及女性的选举权。
1957 年　女性在黎巴嫩取得了选举权。
1958 年　阿尔及利亚向穆斯林妇女开放投票。
1960 年　阿尔及利亚独立后实行普选。
1963 年　利比亚和伊朗女性争得了选举权。
1971 年　瑞典，女性在联邦选举中投票。
1980 年　伊拉克授予女性选举和竞选公职的权利。
1990 年　女性在瑞士的所有州首次参与投票。
1999 年　卡塔尔女性获得选举权。
2005 年　科威特女性赢得选举权。
2006 年　阿联酋的女性获得选举权。
2011 年　阿卜杜拉国王授予沙特阿拉伯的女性选举和参加议会选举的权利。
2019 年　梵蒂冈成为唯一一个没有实现普选的国家。

反对妇女的参政权

英国和美国的女性赢得选举权之后,女权主义者便不那么活跃了。她们曾经为避孕的权利、堕胎法的改革和进入某些职业的机会而斗争。

这里必须注意的是,争取选举权的斗争往往伴随着对女性拥有选举权的抗议。1913年的一个著名例子是**格蕾丝·达菲尔德·古德温**(Grace Duffield Goodwin)。

古德温警告说,追求选举权将威胁妇女的家庭生活、母性和整个社会秩序。

第一次回潮

20世纪初的女权主义活动引起了严重的争议，这些争议最终以许多直言不讳、激烈抨击女权主义的出版物的形式出现。抨击者声称，"女权主义者"是不道德的、坏母亲和"女同性恋者"。

女性渴望参与政治，实现经济独立和个人自由，这些要求被解释为一种反常的性取向和过度的性饥渴的表现。

这些不自然的行为是同性恋的标志，是女性想要扮演男性角色的标志。

1911年，英国作家爱德华·卡彭特（Edward Carpenter）主张将参与女权主义运动的女性描述为具有"男性气质"、丧失了母性本能的女同性恋者。

女权主义 = 女同性恋？

1901 年，美国精神病学家威廉·李·霍华德（William Lee Howard）写了一本名为《变态》(*The Perverts*) 的小说，将女权主义等同于女同性恋和堕落的道德。

> 具有男性般的独立思想和令人厌恶的反社会性，性变态的女性只是不同程度的堕落者。
> 威廉·李·霍华德

1927 年，德国的 E.F.W. 艾伯哈德（E.F.W.Eberhard）博士认为，提倡女同性恋的女权主义可能会摧毁西方文明。他指责女权主义的领袖是引诱年轻女性参与这场运动的女同性恋者。

将女权主义与女同性恋关联起来的做法，是为了把女性从女性主义运动中吓跑。她们被警告说，女性参与体育活动和接受"女权主义的课程"，将让她们成为"终生的同性恋者"。

受过教育的失业者

一些评论家认为，女权主义于 20 世纪 20 年代就在美国消亡了，因为实现了女性选举权后女性主义者产生了自满的情绪。贝蒂·弗里丹（Betty Friedan）后来将这一时期称为"女性的奥秘"（the feminine mystique）时代（见第 89 页）。妇女受教育程度越来越高，获得了具有大学水平的资质，尽管有更多的妇女就业，但她们在劳动力队伍中的地位却在下降。

结果就是，存在着大量受过高等教育的失业女性。

消失的性别

反女权主义的宣传破坏了促进妇女权利的努力。1942 年,这些论调集中在畅销书《现代女性:消失的性别》(Modern Woman: The Lost Sex)里出现。这本书强调女性应该回到家中,放弃为高薪的工作而斗争。作者以"迷失的女性"称呼对科学、艺术和政治感兴趣的独立女性,还有那些有工作的女性。这本书将女权主义描述为"情感疾病、神经症的表现……其核心是一种深度疾病"。

以下的一些标题取自 1949 年的女性杂志:

培养女人味,从家里开始……
趁着你还年轻,快生孩子吧!
如何俘获男人?
我们结婚时应该辞去工作吗?
你在训练你的女儿做一名好妻子吗?
女人一定要说那么多吗?
烹饪对我来说就是诗歌
为什么美国大兵都喜欢德国女孩?

弗吉尼亚·伍尔夫

弗吉尼亚·伍尔夫（1882—1941）是最著名的小说家和女权主义作家之一，她探究了女性对社会和政治生活的贡献。伍尔夫嫁给了政治记者伦纳德·伍尔夫，并与他一起创立了霍加斯（Hogarth）出版社，出版了凯瑟琳·曼斯菲尔德（Katherine Mansfield）、T.S.艾略特（T.S.Eliot）和E.M.福斯特（E.M.Forster）等相对不为人知的作家的作品。霍加斯还出版了弗洛伊德《精神分析引论》的第一个英译本。

伍尔夫是一位现代主义作家，她探索了传统叙事主题的局限性，并开创了一种女性的自我表达形式。

我在我的叙述中使用了意识流手法，因为我想原封不动地记录原子降落在心灵上的顺序。

《一间自己的房间》

伍尔夫受邀在当时剑桥大学仅有的两所女子学院纽汉姆（Newnham）和格顿学院发表了一系列演讲。《一间自己的房间》（*A Room of One's Own*，1929）是她关于"女性与小说"的讲座的整理结集，于1929年由霍加斯出版社首次出版。

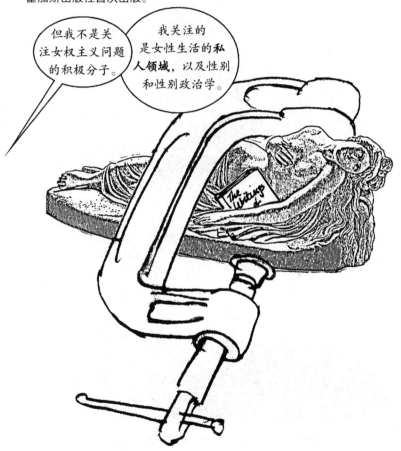

在《一间自己的房间》中，她探讨了文化和经济对女性的创造力的制约，并思考了阻碍女性文学传统建立起来的历史和政治障碍。

金币和锁

伍尔夫最著名的断言是,为了让一个女人葆有创造力,她需要每年 500 金币的稳定收入和一间属于自己的"有金币和锁"的房间。在后来一篇题为"女性的职业"的文章中,她特别指出了阻碍女性创造力的两个问题。

社会对女性施加压力,要求她们隐瞒她们有自己的思想这一事实……

……还要求她们掩饰肉体的欲望,以避免男性的惩罚和否定。

在《三枚金币》(1938)中,她试图构建一种超越国家和政治界限的女性身份。她谈到中产阶级中"有教养的人的女儿"的社会角色,并就她们的教育、职业前景和为民族文化做出贡献的潜力做了专门的论述——在这些领域中,她们一直都被排除在外。

"我没有国家"

尽管伍尔夫通常被视为女权主义的文学批评家而不是社会活动家,但她的作品经常表现出对歧视和社会边缘化的敏锐意识。《一间自己的房间》中不乏实例,说明社交和文化媒体上充斥着女性禁止入内的宣教:女性被禁止进入图书馆、大学和男性专用餐饮场所等。在许多方面,伍尔夫的作品启发了后来在第二波女性主义活动中追求**提升性别意识**的女权主义者。

作为一个女人,我没有国家。作为一个女人,我不想要国家。作为一个女人,我的国家成了我全部的世界。

伍尔夫关于有必要建立女性文学传统的设想,后来被**女性主义文学批评**(见第 122—123 页)所接受。

西蒙娜·德·波伏娃

西蒙娜·德·波伏娃的《第二性》（1949）开创了思考女性社会地位的新时代，该书也成为女性主义哲学的经典之作。德·波伏娃（De Beauvoir，1908—1986）对男女之间的社会关系提出了新的理解。她将女性气质的社会建构诠释为**他者**的理论，为第二波的理论讨论铺平了道路。

存在先于本质

德·波伏娃通过存在主义哲学解释了主观性（我们的自我意识）。存在主义指出，一个人首先存在，然后通过一个人的行为，成为一个人的本质。她论证道，个人对自己的命运有绝对的控制权，无论是社会还是组织完善的宗教，都不应该限制我们过上本真生活的自由。

我们是在与某种"并非自我"——他人——的关系中构建自我意识的。

但是，因为男人不过是为他们自己而提出了自我和主体的范畴，女人就被"降级"为"他者"。因此，"女性"这一范畴除了作为男性幻想和恐惧的延伸之外，并没有任何实质的内容。

由于我们周围世界的所有文化表现都是由男性生产的，因此女性也从男性的定义和"通过男人的梦想而做梦"的角度来解读自己。所以，女性被要求接受自己的他者地位，"使她自己反对"并"放弃她的自主权"。

第二波女性主义的里程碑

1960 年 美国科学家开发的第一种口服避孕药被批准使用。
1963 年 约翰·F. 肯尼迪成立了妇女地位委员会（Commission on the Status of Women），揭露就业中对妇女的歧视。
贝蒂·弗里丹，《女性的奥秘》（The Feminine Mystique）
1966 年 美国全国妇女组织（National Organization for Women，简称 NOW）成立。
1968 年 法国学生革命。
抗议美国小姐选美活动。
1970 年 杰梅茵·格里尔，《女太监》（The Female Eunuch）
舒拉米斯·费尔斯通，《性的辩证法》（The Dialectic of Sex）
凯特·米利特，《性政治》（Sexual Politics）
1971 年 《女士》（Ms）杂志由格洛丽亚·斯泰纳姆（Gloria Steinem）创办。
1972 年 玛莎·罗和露丝·博伊科特创办杂志《多余的肋骨》（Spare Rib）。
1974 年 安·奥克利，《妇女的工作》（Women's Work）
1975 年 英国通过了《性别歧视法》，"将某些类型的性别歧视和基于婚姻的歧视定为非法"。
英国兴起了全国堕胎运动，捍卫妇女对自己身体做出决定的权利。
1976 年 阿德里安·里奇出版《女人所生：作为经验和机制的母职》（Of Woman Born: Motherhood as Experience and Institution）
多萝西·丁内斯坦出版《美人鱼与牛头怪：性别安排与人性问题》（The Mermaid and the Minotaur: Sexual Arrangements and Human Malaise）
1978 年 玛丽·戴利出版《妇科/生态学：激进女权主义的元伦理学》（Gyn/Ecology: The Metaethics of Radical Feminism）
南希·乔多罗出版《母性的再生产》（The Reproduction of Mothering）
1981 年 贝尔·胡克斯出版《我不是女人吗？：黑人女性与女性主义》（Ain't I a Woman?: Black Women and Feminism）
1982 年 康比河公社发表（黑人女性主义）集体声明。
1983 年 艾丽丝·沃克出版《寻找我们母亲的花园：女人主义散文》（In Search of Our Mothers' Gardens: Womanist Prose）
1991 年 娜奥米·沃尔夫出版《美丽的神话：美人图像如何被用来对付女性》（The Beauty Myth: How Images of Beauty Are Used Against Women）
苏珊·法鲁迪出版《反击：针对美国女性的暗战》（Backlash: The Undeclared War Against American Women）
1994 年 美国通过《暴力侵害妇女法》(Violence Against Women Act，简称 VAWA)。

第二波女性主义

第二波女性主义者采纳并改写了德·波伏娃的理论，即女性所受的压迫源于她们被建构为相对于男性的"他者"的社会地位。"第二波"一词是由玛莎·李尔（Marsha Lear）提出的，用来描述自20世纪60年代末以来美国、英国和其他欧洲国家女权主义活动的进展。

两次政治运动助推了第二波女性主义浪潮的形成——**妇女平权运动**（简称WRM）与**妇女解放运动**（简称WLM）。

妇女平权运动主要由有工作的女性发起，她们要求结束职场中的性别歧视。

这一运动也吸引了大量被困在中产阶级家庭中的女性，她们对国内保守的风气感到不满，迫切希望参与劳工发起的这一运动。

妇女解放运动

20世纪60年代后期，妇女解放运动产生于妇女平权运动的左翼派别中。在美国，它作为国内活跃的人权运动和反对越战活动的结果而兴起。它为反对女性所受的压迫提供了**理论的**支持，而妇女平权运动更多地由**实践的**和社会的活动驱动。

个人的就是政治的

"个人的就是政治的"这个口号指的是,女性个人生活的方方面面,都被其政治地位所影响,其个人生活同时也影响着其政治地位。

我们认为,私域和公域是紧密联系的,为此,我们在1968年发起了对美利坚小姐选美活动的抗议。

图片文字:欢迎参加"美利坚母牛"拍卖会!(左下)女性团结起来!(右上)

在英国,在工人阶级的社会主义者的领导下,福特汽车公司的女工发起罢工,要求男女同工同酬。最近的女性主义者对这一口号的早期解释提出了质疑,并促请女性将个人生活与政治分开。

妇女解放运动的七项要求

到了 20 世纪中叶,妇女解放运动提出了非常清晰的具体目标,并为此而不断努力。

1. 男女同工同酬。
2. 妇女拥有与男人平等的教育和工作机会。
3. 24 小时免费开放的育婴室。
4. 如果妇女要求,应提供免费的避孕和人工流产措施。
5. 经济上的和法律地位上的独立。
6. 停止歧视女同性恋者,女性有权定义她们的性取向。
7. 免遭威胁和暴力的权利,终结男性的侵犯和统治。

贝蒂·弗里丹

1963 年，**贝蒂·弗里丹**（Betty Fiedan, 1921—2006）出版了畅销书《女性的奥秘》，预示着女权主义运动第二波浪潮的兴起。这个书名指的是对女性的传统角色（如妻子和母亲）的理想化，"女性的奥秘"可以被解释为使女性服从男性的一种手段。

图中文字：无名的问题

《女性的奥秘》

"主张女性具有奥秘者会说,女人的最高价值和唯一使命是不断完善其女性特征……"

"……他会说,这种女性特征是如此神秘和直观可见,与造物和生命的起源非常类似,人类的科学可能永远无法理解它。"

"神秘主义者说,女人过去烦恼的根源是她们嫉妒男人,而不接受自己的本性,女人只有在性被动、男性支配和养儿育女的母爱中才能实现其本性。"

弗里丹在提高性别意识方面发挥了重要作用,并吸引了更多的女性,因为与德·波伏娃富有哲学思辨意味的《第二性》不同,《女性的奥秘》一书是基于她个人的经历和(根据她分发给她以前的同学的问卷调查整理的)其他女性的真实经历。

母职优先于事业?

弗里丹的职业生涯始于做记者。她在怀孕后被解雇,这使她意识到社会对职业女性的歧视。她认为,由于美国社会是建立在追求美国梦的基础上的,妇女解放需要的是一场全国范围内的性别教育,这将为女性带来满意的工作,并将同时为两性带来解放。

但我也并没有让事业凌驾于我的家庭之上。

如果女性想要正常的、有道德的生活,她们通常会优先选择结婚和做母亲,而非开始职业生涯。

弗里丹坚持认为,如果女性学会了有效兼顾各种家务,她们就会抽出时间和精力放在事业上。这将确保她们同时获得私人和公共领域的满足。

弗里丹的论点有很多问题：她没有发现女性受压迫的根源，也没有考虑到女性接受教育的机会。弗里丹和德·波伏娃一样，只关注中产阶级、异性恋白人女性的经历。这两位批判者都倾向于将女性的从属地位归咎于女性自身，并没有认识到社会需要做出改变，以适应女性不断变化的生活。

即使如此，弗里丹仍是一位令人钦佩的社会活动家。

《第二阶段》

在弗里丹后来出版的《第二阶段》(*The Second Stage*，1981)中，她详细描述了试图兼顾婚姻和事业的女性所面临的困境。

这些20世纪80年代的超级女人试图完成一项不可能完成的任务，即在家里做"女人"，在工作中做"男人"。弗里丹声称，为了解决她们的困境，应该重新启动妇女运动，这一次应该让男性参与进来，以改变公众的价值观、领导风格和制度结构。

女性意识的觉醒

20世纪70年代的女权主义活动家明白,有必要让更多的人听到她们的观点,但她们也致力于让妇女解放运动更具包容性和代表性。在美国,**女性意识的觉醒**(consciousness-raising,简称C-R)的努力采用了在全国各地组织**讨论小组**这样的形式。

讨论小组将来自不同背景的女性聚集在一个团体中,在其中,她们可以表达并讨论她们共同关心的问题。这些小组对其成员进行性别歧视方面的政治教育,改变她们对自己与社会的关系的看法与理解。这些讨论小组的特点是可以自由讨论、畅所欲言。

多元的女性主义

自 20 世纪 60 年代以来，出现了一些有关女性生活的多元的女性主义观点，与之相应的多元立场也应运而生。

女同性恋女性主义者警告说，强制女性异性恋将使女性所受的性压迫永久化。1955 年，一群旧金山的女同性恋女性主义活动家成立了比利蒂斯之女组织，这个名字取自皮埃尔·路易的萨福式的爱情诗——《比利蒂斯之歌》(Chansons de Bilitis)。在 20 世纪 70 年代末的英国，利兹的激进女权主义者还提出了"反对异性恋"的理由。

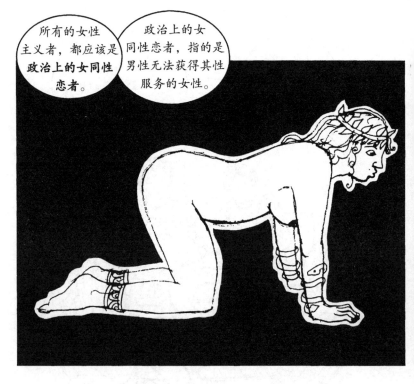

所有的女性主义者，都应该是**政治上的女同性恋者**。

政治上的女同性恋者，指的是男性无法获得其性服务的女性。

图片文字：未来属于女性。如果女性主导这个世界，世界上将不再有战争。

文化的女性主义者相信，女人们被分隔开来，且因此固化了她们的自卑感。女同性恋者是仅有的能意识到其全部潜力的女人。

社会主义的女性主义

社会主义的女性主义者确信，女性的发展因缺少教育机会和受到社会歧视而被阻碍了。她们主张，公众的态度必须被改变，以便女性更好地融入社会各个阶层。

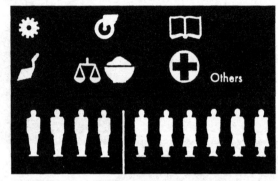

社会主义女性主义者认可的社会，应该要求或确保：
- 自由，人道，有充足的医疗照护资源
- 人们拥有对自己身体的支配权
- 可供个人和集体居住的住房
- 多样化的、营养丰富的饮食
- 劳作者得到社会的尊重
- 依照民主原则组建的议会
- 以提升人类福祉为目的的科技进步
- 终结作为私人的无偿劳动的家务劳动
- 重新定义工作
- 鼓励所有人参与的政治和公民自由
- 解除警察的武装及其控制社区的权力
- 全社会都有义务养育儿童
- 免费的公共素质教育
- 定义社会关系和性关系的自由
- 增强自尊和尊重他人的流行文化
- 支持世界各国的内部发展和民族自决

社会主义女性主义者看到了通过"姐妹情谊"将妇女团结在一起后激发的巨大潜力,这将允许女性革命重新夺取她们被剥夺的权利。她们为此制定了三步走的战略。

1)赢得满足妇女需求的真正可行的改革;
2)让女性感受到自己的力量;
3)改变权力关系。

> 如果不付诸行动,没有明确的性别意识的支持,参与讨论小组活动的女性将走向死胡同。

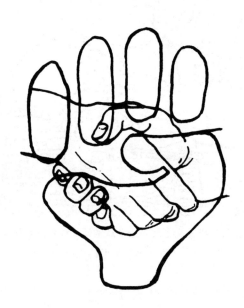

传统的马克思主义女权主义

对于传统的马克思主义女权主义者来说,以妇女的家庭责任来定义她们,并将她们排除在生产劳动之外,将造成劳工的分化和对职业母亲的支持的匮乏。

马克思主义女权主义者反对妇女解放运动仅仅聚焦于与资产阶级女性相关的问题。(参见舒拉米斯·费尔斯通的主张,第112页。)

图中书封文字:《家庭、私有制和国家的起源》,弗里德里希·恩格斯 著

激进的女权主义

激进的女权主义将自身视为革命性的。它坚持认为，仅仅解放妇女是不够的，并认为妇女仍在受到压迫和剥削。"解放"她们的唯一途径是反对父权制和婚姻制度。激进的女权主义者质疑女性生活的方方面面。

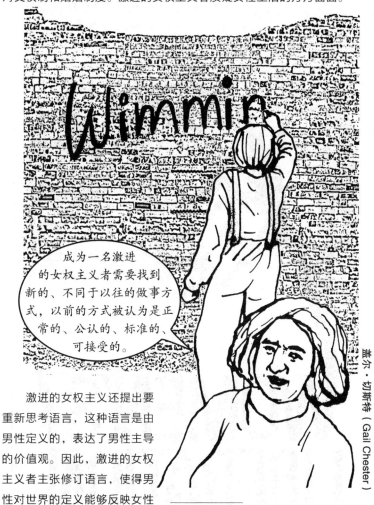

> 成为一名激进的女权主义者需要找到新的、不同于以往的做事方式，以前的方式被认为是正常的、公认的、标准的、可接受的。

盖尔·切斯特（Gail Chester）

激进的女权主义还提出要重新思考语言，这种语言是由男性定义的，表达了男性主导的价值观。因此，激进的女权主义者主张修订语言，使得男性对世界的定义能够反映女性的经验，方便女性的参与。

图片中 wimmin 是具有政治含义的 women 的代称

激进的女权主义者强调，女性意识觉醒的需求应该被视为革命的手段。正如盖尔·切斯特所说……

女性至上主义者（female supremacists）认为，尽管男性通过武力掌握权力，但女性在生理和道德上都更优越。

人道主义女性主义者（Humanist feminists）认为，由社会建构起来的男性和女性角色都是被动的，且阻碍了男性和女性真实的自我的发展。

生态女性主义

生态女性主义包含多种女性主义观点。**弗朗索瓦丝·德奥博纳**（Françoise d'Eaubonne，1920—2005）于1974年创造了这个词，此后它被用来指代一系列关于生态女性主义实践的思想，反映了对当前环境问题的性质和解决方案的不同理解。

尽管生态女性主义的方法多种多样，但她们一致认为，对自然环境的破坏，在政治上类似于对妇女的持续统治。

因此，生态女性主义的方法包括寻找将压迫妇女与破坏环境联系起来的方法，并为这两个相关的问题找到解决方案。

生态女性主义者经常诉诸对**技术**的批判。

技术允许对自然机体和女性身体的入侵和侵占。

生态女性主义有时被视为一种本质主义的思维方式,试图将女性与自然等同起来。

虽然技术被一些生态女性主义者视为父权压迫的工具,但生态女性主义的另一个分支发现,技术进步为女性提供了乌托邦式的可能性,因为技术进步也将她们从家庭保姆的传统角色中解放出来了。

精神分析学派的女性主义

1972 年，**菲利斯·切斯勒** (Phyllis Chesler) 出版了《女人与疯狂》(*Women and Madness*) 一书，详细介绍了她对纽约一家精神病院的女性患者的观察。

精神分析将疯狂视为女性气质的典型特征。

从这一点开始，人们就弗洛伊德的精神分析在多大程度上可以用来解释女性的生活展开了争论。

许多评论家继续使用或谴责弗洛伊德关于女性主义和性别社会化的理论，但直到**朱丽叶·米切尔**（Juliet Mitchell）的《女权主义与心理分析》(*Feminism and Psychoanalysis*，1974) 出版，女性主义理论家才开始意识到，"精神分析不是对父权社会的认可，而是对父权社会进行分析"。（有关精神分析与女性主义的更多信息，请参阅第 124 页）

后女权主义

1968年,在法国,妇女解放运动分裂为两个分支:一支女权主义者坚持认为,实现与男性平等仍然是这场运动的目标;而另一支则认为保持两性间的**差异**很重要。

后女权主义者,妇女解放运动的第二个分支,包括了精神分析批评家,如**茱莉亚·克里斯蒂娃**(Julia Kristeva,生于1941年)和**埃莱娜·西苏**(Hélène Cixous,生于1937年)

茱莉亚·克里斯蒂娃

我们强调,必须认识到性别之间的根本差异的重要性,并据此来理解女性的多元化的主体性。

对选美比赛的抗议

将女性物化——尤其是选美比赛,引起了巨大的争议,因为它需要年轻女性衣着暴露地展示,并根据传统的和引发争议的所谓"女性气质"的标准来评判她们。

1968年9月7日,美国女权主义者举行了一场抗议美国小姐大赛的活动,因为它被认为是对女性的剥削和贬低。

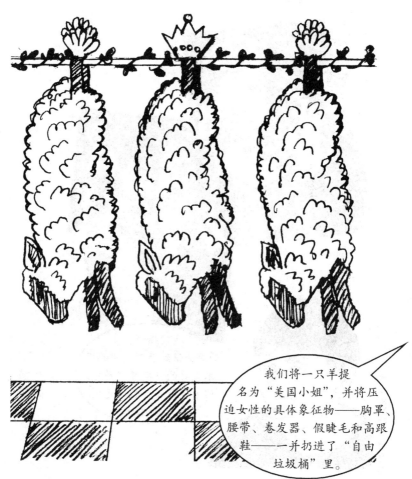

我们将一只羊提名为"美国小姐",并将压迫女性的具体象征物——胸罩、腰带、卷发器、假睫毛和高跟鞋——一并扔进了"自由垃圾桶"里。

抗议活动的宣传单邀请女性在当天到大西洋城参加游行，并携带任何一种"女性垃圾"进行焚烧，包括《时尚》《妇女家庭杂志》和《家庭天地》一类的杂志。抗议活动宣布抵制所有与选美比赛有关的商业产品，并在当日深夜组织了一场妇女解放的集会，此刻，胜出的美国小姐会在电视直播中被加冕。

尽管抗议者明确宣布不会使用严重的破坏性手段，但她们表示拒绝与警察合作。

图中文字：母牛游街是对人类的贬低

这本身是一份具有讽刺意味的声明，带有自己的政治信息，因为在大西洋城，不允许女性警察单独执行任何逮捕任务。

抗议活动当日没有获得消防许可证，因此自由垃圾桶未被真的点燃。然而，这一事件在媒体上引发了"焚烧胸罩"的谣言。

我们发表了一份宣言，强调了十个论点。我们抗议：

- 有辱人格的无脑大胸女孩的选美比赛标识；
- 玫瑰种族主义（自1921年举办比赛以来，所有的美国小姐得主都是白人）；
- 作为军人吉祥物的美国小姐——选美冠军的职责之一是鼓舞在国外的美军的士气）；
- 作为消费主义的游戏的选美比赛；
- 被操纵的和不正当的竞争；
- 被流行文化视为过时象征的前任冠军（被玩弄、被残害，然后被丢弃）；
- 不可思议的圣母－妓女情结（Madonna-Whore Combination）；
- 平庸王座上的无关紧要的王冠；
- 作为梦想的美国小姐（男性当总统，女性做选美冠军）；
- 扮演"大姐大"的美国小姐（作为压迫的典范）。

尽管选美比赛仍在继续，但它们经常引起争议。1983 年，**凡妮莎·威廉姆斯**（Vanessa Williams）创造了历史，她成为有史以来第一位加冕美国小姐的黑人女性。一年后，她又一次创造了历史，因为《阁楼》（Penthouse）杂志刊登了她的写真照片，她不得不放弃"美国小姐"头衔。许多知名公众人物支持她，包括女权主义活动家格洛丽亚·斯泰纳姆和苏珊·布朗米勒（Susan Brownmiller），以及黑人政治家杰西·杰克逊（Jesse Jackson）和本杰明·胡克斯（Benjamin Hooks）。

杰梅茵·格里尔

杰梅茵·格里尔（Germaine Greer，生于1939年）一直是一位颇有争议的女权主义人物。自1970年她的第一本专著《女太监》（*The Female Eunuch*）成为畅销书以来，她已成为公众人物和女权运动的代言人。

《女太监》是一部批判传统家庭结构和家庭核心机制的革命性著作。格里尔认为，这些结构和机制是女性的权利被剥夺的根源。

异性恋是一种压迫，它迫使女性符合社会对女性气质的期望，并鼓励她们相信自己的价值取决于对男性的吸引力。

格里尔还批评了职场中的性别问题。在职场中,女性面临着取悦男性上司的压力,就像在婚姻中一样。关于这个问题,《时尚》杂志引用了她的话:

格里尔倡导性解放,主张将性活动从父权制度的束缚中解放出来。

然而,1984年,格里尔出版了另一本有争议的著作《性与命运》,其中的观点与《女太监》相左,格里尔在这本书中强调,贞洁是最好的避孕方式。她还主张将更年期视为一种解放的体验。

舒拉米斯·费尔斯通

《性的辩证法》(*The Dialectic of Sex*)发表于 1970 年。**舒拉米斯·费尔斯通**(Shulamith Firestone，1945—2012)认为，女性的生育能力是她们受到压迫的根源。因此，为了消除社会不平等，需要一场**生物学的革命**。

她认为，只有通过建立一个**雌雄同体**的体系，平等的社会才能实现，在这个体系中，谁拥有子宫"在文化上不再重要"。在这一制度下，赋予每个性别以明确性角色的传统家庭结构将瓦解，因为异性恋将不再是强制性的，妇女将摆脱家庭的禁锢。

再生产，而非生产

费尔斯通修正了先前的一些历史理论，它们往往忽视了妇女被社会排斥的问题。

这种区别使她能够将**再生产**而非生产视为历史的驱动力。妇女应掌握对生殖方式的控制权，以消除性别阶层歧视。这可以通过更广泛的避孕、绝育和堕胎等手段来实现。

为资本主义而消费

费尔斯通解释说,基于性别阶级歧视的生物属性的家庭有利于资本主义,因为它使女性被限制在家庭中,并使男性能够掌控公共领域。

被禁锢在免费的家务劳动中,女性及家里的孩子,都成为支持资本主义经济制度的消费者。

因此,资本主义是建立在女性作为再生产者和男性作为生产者的区别之上的。然而,一旦妇女摆脱了生育的责任,她们就可以参与工作,实现经济的和个人的独立。

凯特·米利特

凯特·米利特（Kate Millett，1934—2017）的《性政治》（*Sexual Politics*，1970）是另一部激进的女权主义文本，它从父权制的**性/性别**体系的角度出发，解释了女性受压迫的根源。米利特坚持认为，性是政治性的，因为男性和女性之间的关系是所有**权力关系**的基础。

生物性是自然的……性别是文化建构的……女性气质是基于社会和对性别的理解而在文化上被定义的。

这样社会化的性别投射取代了所有其他形式的歧视：种族歧视、政治上或经济上的歧视。

除非最终放弃男性天生优越的观念，否则所有制度化了的性别压迫都将继续——仅因男人在社会认知中具有逻辑上和情感上的优越。

凯特·米利特

性或性别等级

父权制负责构建一个社会体系，为每个性别赋予特定的**性的状况**（sexual status）、**角色和气质**，从而确保性别等级制度。因此，"男性化"特征归因于占主导地位的社会角色，而"女性化"则与顺从和依赖有关。

文学中的厌女症

米利特在文学作品中寻找厌女症的例子。她将 **D.H. 劳伦斯**（D.H. Lawrence）、**亨利·米勒**（Henry Miller）和**诺曼·梅勒**（Norman Mailer）三人列为厌女症最严重的罪魁祸首。

文学是父权制的一种宣传形式，尤其是这些作者的反动思想明确地强化、美化了对女性的刻板印象及对女性的物化。

米利特观察到，尽管父权制统治持续存在，但妇女也始终在抵制和挑战压迫。她将 1970 年的妇女解放运动描述为决心消灭或性别制度，去创造一个男女平等、雌雄同体的新社会。

安·奥克利

与费尔斯通相似，安·奥克利（Ann Oakley，生于 1944 年）反对生物学母职（biological motherhood）。在《妇女的工作》（*Women's Work*，1974）中，她挑战了基于假设的**"生物学母职的神话"**，即：

所有妇女都需要成为母亲；所有的母亲都需要自己的孩子；所有的孩子都需要母亲。

她系统地反驳了这些假设，认为：

1. 妇女成为母亲的需要，是在社会化过程中人为灌输给她们的，并不是她们生存的必要的或自然的部分。

2. 认为母亲需要孩子是基于母性本能的谬论，它认为必须满足母性本能，否则妇女会感到沮丧。奥克利驳斥了女性本能地被孩子吸引的观点。

3. 生物学母职的神话最突出地表现在所有孩子都需要母亲的假设上，这本身就是基于错误的推理。

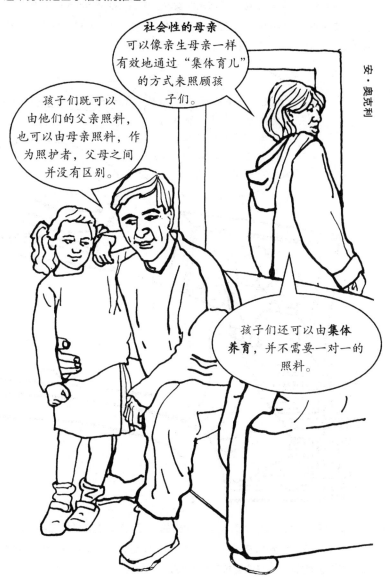

《屈从的女性》

1981年，奥克利出版了《屈从的女性》(Subject Women)，评价了女权运动的进展。奥克利研究了妇女的法律、政治、社会和经济状况，并评估了她们参与社会对其"第二性"地位的影响程度。

以丈夫、父亲和养家糊口者为幌子的男性，以及作为产生某种阶级利益之分的生产模式的资本主义，应共同对将女性置于二等地位的习惯负责。

奥克利认为，因为"男人是个体化的"，而资本主义是抽象的，所以男人更容易直接受到指责。然而，她也得出结论，不可能产生一种与妇女普遍受压迫的经历相符的父权制社会模式。

奥克利带着挑衅说道,尽管一些社会团体可能密谋反对女性,但女性也在密谋并歧视自己的同性。她主张女权主义者要在社会学层面更积极地参与妇女生活,而不是将她们的努力局限于研究和学术界的精英领域。

第二性的兴起要求一种新的语言和新的思想结构,来孕育一个**完全不同的**社会。

不是一个女性与男性平等或男性与女性平等的社会,甚至也不是一个女性在自我认同和聚焦自我的社会工程中超越男性的社会。

女性主义文学批评

20世纪70年代的十年见证了政治和社会层面上的激进女权主义运动,女权主义学者开始积极挑战西方文学经典。

西方正典主要指的是父权制支持的文学作品,基本上都是由男性创作的。

伊莱恩·肖沃特(Elaine Showalter)的《她们自己的文学》(*A Literature of their Own*,1977)试图建立一种反映全世界女性多样化的文学传统。它还声称,女性作家是西方文学创作的重要贡献者。

肖沃特将女性的文学史分为三个阶段：

女性化阶段（Feminine Phase, 1840—1880），女性创作的作品模仿男性写作的主流出版物。

女权主义阶段（Feminist Phase, 1880—1920），女作家抗议自己被边缘化。

女性阶段（Female Phase, 20世纪20年代以后），女性写作专注于发现自我。

1979年，肖沃特创造了"女性主义文学批评"（gynocriticism）一词，它指的是一种文学批评实践的形式，通过这种方式来探索和记录"女性创造力的心理动力学"。女性主义开始与英美女性主义的文学批评发生联系，桑德拉·M.吉尔伯特（Sandra M.Gilbert）和苏珊·古柏（Susan Gubar）合著的《阁楼里的疯女人：女性作家与19世纪文学想象》（1979）是女性主义文学批评最具影响力的代表作之一，它试图建立起一种英美女性的文学传统，而不提及男性作家。

精神分析与女性主义思想

20世纪70年代,费尔斯通、弗里丹和米利特等众多女权主义者严厉批判了弗洛伊德的**阴茎嫉妒**理论,该理论声称女孩对自己和所有女性的看法是"低等的被阉割者"。

她们认为,女性作为无力的"他者"的社会地位,与生物学(性别)基本无关,与对女性气质的社会建构密切相关。

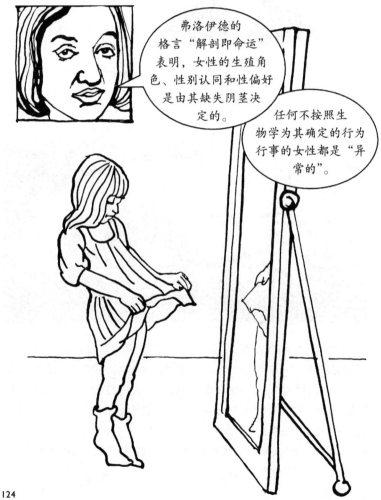

弗洛伊德的格言"解剖即命运"表明,女性的生殖角色、性别认同和性偏好是由其缺失阴茎决定的。

任何不按照生物学为其确定的行为行事的女性都是"异常的"。

弗里丹驳斥了弗洛伊德对性的过度强调，并认为正是社会对女性身体的过分关注，造成了对女性的歧视。她提倡关注决定妇女命运的社会经济和文化状况，而不是她们没有的身体器官。

即便如此，女权主义批评家从来没有统一的声音。她们的优势在于其观点的多样性。

然而，正如我们将看到的那样，许多女权主义评论家在弗洛伊德的精神分析理论中发现了有用的概念，她们将这些概念用在理解女性的性行为以及女性与母亲关系上。

重建母职

多萝西·丁内斯坦（Dorothy Dinnerstein）和**南希·乔多罗**（Nancy Chodorow）是两位女权主义评论家，她们使用精神分析的框架来分析女性作为母亲在社会中扮演的复杂角色。她们专注于弗洛伊德关于性心理发展的**前俄狄浦斯阶段**（pre-Oedipal stage）的概念。弗洛伊德认为，在这个阶段，婴儿仍然依恋母亲，也是在这个阶段，性和性别被建构起来，从而使得男性开始优于女性。

我们反对母亲应担负养育孩子的大部分责任的观点。

双亲抚养的实践，让孩子们有可能将他们的父亲看作是亲切的，但也会犯错的人。

美人鱼和牛头怪

丁内斯坦在分析现有文化的性别安排如何影响女性和男性的看法时——他们分别将自己视为**美人鱼**和**牛头怪**——重新解释了前俄狄浦斯阶段的意义。

> 诡计多端的美人鱼，一个充满诱惑力和难以琢磨的女性象征，来自我们的生活源于其中但我们无法在其中存活的黑暗而神奇的海底世界，美人鱼总是引诱漫游者走向灭亡。

> 可怕的牛头怪，是母亲反常欲望的后代，巨大、永远幼稚，是无意识的、贪婪的、权力的男性象征，牛头怪总是贪得无厌地吞噬活生生的人。

但是，为什么女人是美人鱼，而男人是牛头怪？

答案在于前俄狄浦斯阶段，当时男婴对母亲的身体产生了矛盾的依赖感，他认为母亲的身体同时是快乐和痛苦的来源。成年男性希望通过控制女性身体来避免这种对女性身体的依恋。就女孩而言，她通过寻求被男性控制来处理其母性的力量。这导致了一套由六种性别安排组成的错误组合，这些性别安排决定了所有的人际关系。

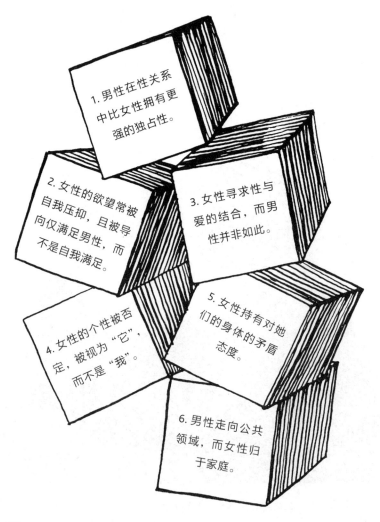

1. 男性在性关系中比女性拥有更强的独占性。

2. 女性的欲望常被自我压抑，且被导向仅满足男性，而不是自我满足。

3. 女性寻求性与爱的结合，而男性并非如此。

4. 女性的个性被否定，被视为"它"，而不是"我"。

5. 女性持有对她们的身体的矛盾态度。

6. 男性走向公共领域，而女性归于家庭。

与母亲分离

乔多罗对性关系不太感兴趣,她更关心女性为什么决定做母亲——即使社会条件没有迫使她们扮演这个角色。乔多罗驳斥了弗洛伊德的说法,即生育是女性补偿其阴茎嫉妒的一种手段。

男孩与母亲的分离产生了情感缺陷和为生存下去而斗争的紧迫感,令他为作为具有竞争力的男人的公众角色做好了准备。相比之下,与母亲保持依恋的女孩,更能够与他人产生共鸣,形成温暖而亲密的关系,紧密地维系好私人的和家庭的世界。

如果孩子的父母处于较平等的地位,那么这种不对称性就会被最小化。

女孩将从父亲那里学会控制自己的同理心,而男孩将学会在自主和情绪表达之间取得平衡。

阿德里安·里奇

阿德里安·里奇（Adrienne Rich，1929—2012）提出了生物学母职的概念，并反对费尔斯通和奥克利在此问题上的立场。

里奇在 1976 年出版的《女人所生：作为经验和机制的母职》一书中指出，女性的怀孕、分娩和育儿经历越来越受到男医生的控制，男医生正在取代女助产士。

这种对女性生殖和身体的控制使父权制原则得以延续，父权制原则规定女性何时吃饭、睡觉、锻炼、做爱、哺乳、感受快乐和忍受痛苦。

阿德里安·里奇

里奇得出的结论是，如果女性在怀孕期间重新控制自己的身体，并且能够在不受父权制的男性代表干扰的情况下做母亲，那么她们与自己的身体、精神和母职机制的疏离就会减少。

作为一名同性恋女权主义者，里奇在 1980 年创造了**"强制性异性恋"**（compulsory heterosexuality）一词。她坚持认为父权社会规定女性必须选择男性作为性伴侣，并使异性恋浪漫的意识形态永久化了。

因此，女同性恋者的性行为被视为不正常和越轨。

> 强调男女关系的首要地位，排除了女性之间任何姐妹式关系的发展。

里奇还扩展了女性之间的女同性恋关系的定义，包括亲密的友谊和支持关系。这在女同性恋的女权主义团体中引起了争议，她们坚持认为女同性恋身份认同必须包括女性的政治和性行为。

妇科 / 生态学

玛丽·戴利（1928—2010）是一位激进的女权主义哲学家和神学家。1973年，她出版了《超越父神》（*Beyond God the Father*）一书，在书中她坚持认为，上帝在所有宗教中的作用都是"作为父权制度的合法化范式"。

玛丽·戴利

在戴利最著名的著作《妇科/生态学：激进女权主义的元伦理学》（1978）中，她完全否定了"上帝"一词。她敦促女性接触自己内心的"狂野女性"，后者将把她们从对女性行为的社会限制中解放出来。戴利主张革新语言，让语言成为人类对世界的体验的主要表征。她出版了一本女性主义词典，《韦氏首部银河邪典英语词典》（*Webster's First New Intergalactic Wickedary of the English Language*，1987）。

20世纪80年代

在20世纪80年代,女权主义的活动成为学者、记者和公共发言人多次攻击的目标,女权主义者被告知,她们争取平等权利的斗争已经获得胜利,已经结束。

女性被呼吁回到自己的家中,履行母亲和妻子的职责,同时享受她们所获得的有限的政治和社会权利。

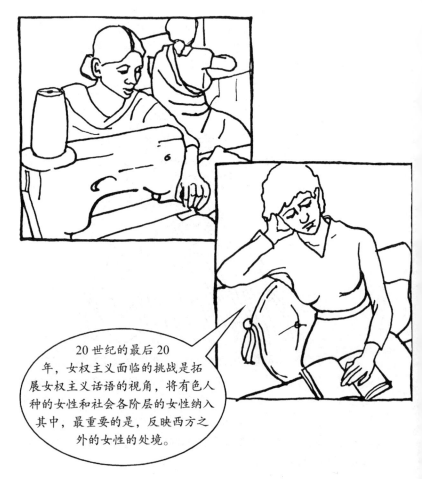

20世纪的最后20年,女权主义面临的挑战是拓展女权主义话语的视角,将有色人种的女性和社会各阶层的女性纳入其中,最重要的是,反映西方之外的女性的处境。

黑人女性的女性主义历程

尽管第一波女性主义声称解决了所有女性的需求和关注点,但直到第二波女性主义浪潮兴起时,我们才开始看到女权主义对有色人种女性的意义的公开表达。尽管一些早期的女性活动家公开谈论在美国废除奴隶制,但直到20世纪末,黑人女性才试图将黑人女权主义的意义理论化。

黑人女性主义思想的核心关注点是**种族**与**性别**问题密不可分。大多数黑人女权主义者拒绝将自己首先视为女性。

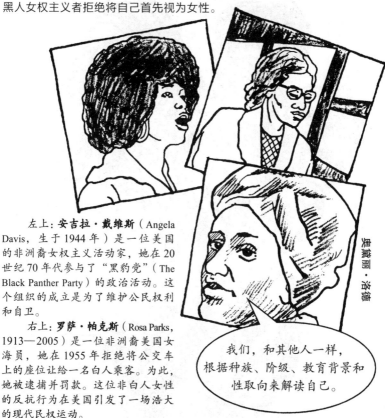

左上:**安吉拉·戴维斯**(Angela Davis,生于1944年)是一位美国的非洲裔女权主义活动家,她在20世纪70年代参与了"黑豹党"(The Black Panther Party)的政治活动。这个组织的成立是为了维护公民权利和自卫。

右上:**罗萨·帕克斯**(Rosa Parks,1913—2005)是一位非洲裔美国女海员,她在1955年拒绝将公交车上的座位让给一名白人乘客。为此,她被逮捕并罚款。这位非白人女性的反抗行为在美国引发了一场浩大的现代民权运动。

奥黛丽·洛德

我们,和其他人一样,根据种族、阶级、教育背景和性取向来解读自己。

因此,黑人女权主义者将自己与主流女权主义活动区分开来,主流女权主义被视为主要为中产阶级、受过教育的白人女性服务。

奥黛丽·洛德（Audre Lorde）的说法清晰地阐明了她们的想法，即作为一名"49岁的黑人女同性恋者、女权主义者和社会主义者，两个孩子（一个是男孩）的母亲，以及跨种族夫妻中的妻子"，她不想在激进女权主义活动里剥离自己所有身份中的任何一个。相反，洛德总结道，要实现一种整体感，并逃离不时袭扰的另类感。

我将开放地整合我之所是的所有部分，允许来自我生活深处的特定力量，在所有不同的自我之间自由地流动，而不受来自外部的定义的限制。

黑人女性主义的早期表达

索杰娜·特鲁斯（Sojourner Truth，1797？—1883）是一位美国废奴主义者，她也主张黑人妇女的权利。她摆脱奴隶身份后成了一名传教士，并开始了自己的演讲生涯，曾在美国巡回演讲，帮助获得自由的奴隶找工作。19世纪50年代，她参与了女权运动，在解放黑奴的基础上加入了争取女性选举权的斗争。尽管特鲁斯是文盲，但她还是把自传口述给了一位朋友，并成为一位知名的公众人物，吸引了大批听众。

我不是女人吗？

特鲁斯最著名的演讲是 1851 年在一次妇女权利大会上发表的，题为："我不是女人吗？"

据报道，她在演讲中质疑了一位新教牧师的说法，即男性应该比女性享有更多的特权，因为他们在智力上优越，而且上帝创造了作为男人的耶稣。

我不是女人吗？我生过 13 个孩子，看到他们全被卖去当了奴隶，当我作为母亲悲痛万分、大声哭泣时，除了耶稣，没有人听到我的声音！难道我不是女人吗？

那个穿着黑色衣服的小男人，他说女人不能拥有像男人那么多的权利，因为基督不是女人！那么，你的基督是从哪里来的？

她的演讲经常为早期黑人女权主义和政治激进主义所引用，尽管在很多方面，它更关注的是种族化和女性化了的身体的地位。

哈丽特·塔布曼（Harriet Tubman，1820？—1913）可能是她那个时代最激进的黑人女性活动家。

作为黑人妇女权利的倡导者，塔布曼参加了1895年美国有色人种妇女全国会议（NCCWA）。她后来成为妇女选举权的坚定支持者。塔布曼的生活中也充满了反抗和反叛的故事。此外，她也对消除种族压迫感兴趣，认为只有在讨论黑人妇女的困境时才能谈到性别问题。为了表彰她的努力，美国邮政局发行了一枚邮票（黑人遗产邮票系列之一），向她致敬。

弗朗西斯·哈珀

19世纪,许多黑人女性活动家都是以废奴主义者的身份开始她们的政治生涯的。在美国内战结束后,她们也将女权主义活动纳入她们的议程。她们中似乎很少有人将白人女性的女权主义与黑人的女权主义区分开来。然而,**弗朗西斯·哈珀**(Frances Harper,1825—1911)的情况提供了一个种族和性别交叉冲突的例子,这将成为第二波黑人女权主义运动的重要特征。

与特鲁斯和塔布曼不同——这两个女人没上过学,都出生在奴隶家庭——弗朗西斯·哈珀受过教育,是教师、活动家、诗人和小说家。

我出生在一个自由的黑人家庭,在一所声誉卓著的黑人青年学院接受过教育,在那里我学习了希腊语、拉丁语和《圣经》课程。

哈珀作为一位聪明而有说服力的演说家而声名鹊起，并被誉为"青铜缪斯"。她在美国妇女选举权协会（American Woman Suffrage Association）和全国妇女委员会（National Council of Women）中也都发挥了积极的作用。无论在哪里演讲，哈珀都坚持为非洲裔美国妇女的状况辩护。

1893年，我批评了世界妇女代表大会（World's Congress of Representative Women，简称WCRW）忽视黑人妇女的利益。

我在美国平权协会（American Equal Rights Association）中与伊丽莎白·凯迪·斯坦顿和苏珊·B.安东尼密切合作。

然而，随着美国宪法第十五修正案的通过，她与白人女性活动家的关系受到了考验，该修正案赋予黑人男性投票权。斯坦顿和安东尼对这项修正案持高度批评态度，认为白人女性有权先于黑人男性获得选举权。在这种情况下，哈珀对种族的忠诚超越了她的性别，她中断了与白人女性活动家的联系。

康比河公社

弗朗西斯·哈珀坚持首先将自己定义为美国黑人,其次将自己定义成女性,这被写入了黑人女权主义最早的宣言之一。黑人女权主义的社团——**康比河公社**(The Combahee River Collective)最初于1974年成立,目的是"定义和澄清她们的政治"。

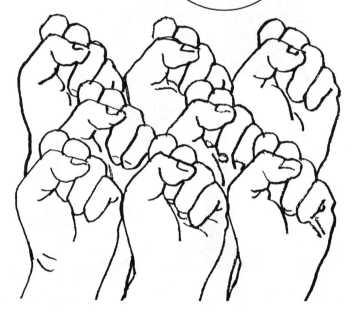

1982年,我们发表了一份宣言,宣布积极投身于反对种族、性别、异性恋和阶级压迫。

宣言强调有色人种女性要参与第二波政治活动,并宣布只有黑人女性才能识别自己的需求并书写自己的身份。宣言还宣布,集体的和去除等级的权力分配可以为建设一个革新的社会铺平道路,在这个社会中,基于性别和性别歧视的压迫将受到挑战并被根除。

女性中心主义与黑人女性主义

康比河公社建立时恰逢 20 世纪 70 年代**以女性为中心的**女权主义蓬勃发展的时期,她们将性别视为个人身份和社会结构的组织原则。黑人女性主义评论家就此提出不同的观点:是否有可能通过与其他群体经历的互动来阐明黑人女性的独特经历?然而,许多评论家警告,不要对黑人女性主义采取分裂或排斥的理解方式。

我一直知道,如果你从黑人的经历出发去写作,你就是基于人们普遍的经历去书写……我知道你不必漂白自己就能获得普遍的经验。

索尼娅·桑切斯

贝尔·胡克斯

贝尔·胡克斯(Bell Hooks，生于 1952 年)是最多产的黑人女权主义的作家和社会批评家之一。她的第一本书《我不是女人吗?：黑人女性与女性主义》（1981）的书名受到了索杰娜·特鲁斯演讲的启发，直接让人联想到后者的演讲。在书中，胡克斯考察了黑人女性在当代女权运动和理论中被边缘化的境况。胡克斯将她为实现妇女平等权利而采取的积极行动与她回击压迫的努力联系在一起。

因此，我经常批评主流白人女性主义者，如贝蒂·弗里丹和娜奥米·沃尔夫，她们的写作中从不涉及种族问题和阶级问题。

在她的文章和演讲中，胡克斯强调了承认和庆祝女性多样性的必要性，并强调了反对白人中产阶级女性"排斥性地使用'女权主义'一词"的必要性。她还曾经因为号召女性"不要宣称自己是女权主义者，而是宣布自己主张女权主义"而闻名。

艾丽丝·沃克

艾丽丝·沃克（Alice Walker，生于1944年）也许是美国黑人作家中作品被阅读得最多的一位。她积极参与民权运动，发表了许多关注美国黑人妇女所受压迫的文章。

我创造了**"女人主义者"**（womanist）一词，这是女权主义活动的一种形式，特别地关注黑人女性面临的挑战。

沃克出版了几部小说作品，这些作品因将黑人男性描绘成性别歧视、暴力的丈夫而在黑人文学评论家中引起争议。她经常被指控与白人对黑人男性的刻板印象同谋，但她为自己辩护说，她的小说试图让长期以来被视为禁忌的那些问题变得明显可见。

沃克出版的散文集《寻找我们母亲的花园：女人主义散文》（1983）开创了一个黑人女性主义的时代，她影响了世界各地的许多女权主义思想家。

不属于西方白人女权主义团体的许多女性主义者发现，"女人主义者"一词是描述她们在实现平等和争取平等方面所做努力的有用替代术语。

沃克将"女人主义者"定义为"致力于整个族群（无论男女）的完整性的有色人种女性"。因此，这个词成了"女权主义者"（feminist）的替代词，表达了一种与她们自己的文化、种族和性别一致的集体观念。

20世纪80年代的畅销小说

众所周知,杰梅茵·格里尔在《女太监》中宣称,言情小说是"虚构超凡能力的鸦片",并将小说中的男主角描述为"创造出珍视束缚自己的枷锁的女性"。20世纪80年代,发表在女性杂志上的浪漫故事,米尔斯和布恩[1]出品的小说引发了大量争论。

安·道格拉斯(Ann Douglas)把面向大众市场的小说的惊人增长称为"软色情文化"的症状。

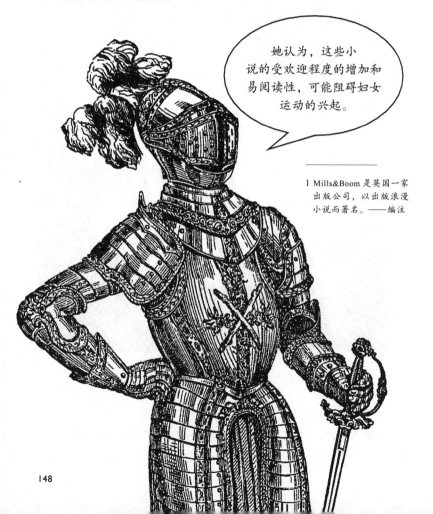

她认为,这些小说的受欢迎程度的增加和易阅读性,可能阻碍妇女运动的兴起。

---

1 Mills&Boom 是英国一家出版公司,以出版浪漫小说而著名。——编注

妇女运动鼓励妇女将自己视为个体，而不是类型：不是某个天使、麦当娜、母亲、妓女、尽职尽责的女儿，等等。

大众市场上的小说是反对女权主义活动的一部分，而女性主义的活动的目的是将妇女从几个世纪以来一直存在的刻板印象中解放出来。

然而，其他的女权主义评论家质疑女性作为读者的被动性，并拒绝相信女性遵照言情小说中给她们提供的刻板印象行动的说法。**塔妮亚·莫德莱斯基**（Tania Modleski，生于 1949 年）是一位马克思主义女权主义者，她关注女性在大众媒体中的代表形象问题。她的第一本书《复仇之爱》（*Loving with a Vengeance*，1982 年）审视了以女性为受众的传统写作形式，如滑稽小说、哥特式浪漫小说和电视中的肥皂剧。

浪漫的力量

莫德莱斯基认为，阅读言情小说也可以被看作是女性的反抗的表现。言情小说通常讲述一个看似无情的男人如何最终坠入爱河，并向因其美德和纯洁而驯服和征服他的女主人公求婚的故事。

这样的情节让被困在婚姻中却感受不到爱与关心的女性体验到了一种作为女性的自豪。

塔妮亚·莫德莱斯基

她们会幻想她们的男人实际上是带着神秘感的小说主角，只听命于他们的妻子。这是一种对权力的幻想，男人被幻想为符合女人欲望的角色。

女权主义与色情

与关于阅读言情小说价值的争论相对平静和低调不同,女权主义者对小说和媒体中露骨的色情素材的态度存在着严重分歧。她们对色情的含义和社会功能的解释各不相同。

其中一个团体,激进女权主义者采取了反色情的立场,认为所有露骨的色情素材都是对女性的诽谤。**安德里亚·德沃金**(Andrea Dworkin)和**凯瑟琳·麦金农**(Catherine MacKinnon)是其主要支持者。过去,她们曾试图将制作色情作品诉为侵犯公民权利。

安德里亚·德沃金

> 色情作品揭示了男性统治的意识形态,认为男性凭借阴茎而胜过女性以及将女性身体用于性或生殖目的,是男性的自然权利。

反色情活动人士认为，书面和视觉媒体中的色情内容与社会层面对女性的性滥用有关。

其他女权主义者则采取更自由主义的立场。**南希·弗莱迪**（Nancy Friday, 1933—2017）是一位专门汇编和解读女性性幻想的评论家。她致力于解构有关女性形象的天使－妓女的二分法，以各种表现形式来庆祝女性的情色快感。她晚年关于"女权主义酷儿色情作品"的学术研究，对主流色情作品中对顺性别的、异性恋正常化的和资本主义主宰的生活方式的典型表现提出了质疑。要了解更多关于这个主题的信息，请查阅**考特尼·川波尔**（Courtney Trouble）的视觉作品和评论。

女性主义与身体

第二波女性主义者挑战了社会对女性气质（femininity）的定义，社会通常会将男性等同于"心灵"，将女性等同于自然和"身体"。早在 20 世纪 70 年代，女权主义者就意识到男性凝视（male gaze）的力量，"男性凝视"通过将女性的身体固化在照片、绘画或其他形式的艺术品中，而将女性的身体物化了。

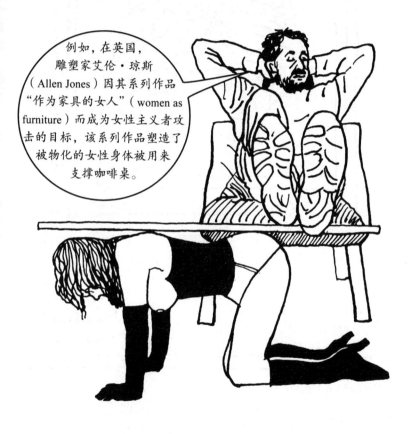

例如，在英国，雕塑家艾伦·琼斯（Allen Jones）因其系列作品"作为家具的女人"（women as furniture）而成为女性主义者攻击的目标，该系列作品塑造了被物化的女性身体被用来支撑咖啡桌。

女权主义活动家挑战这些对女性的传统刻板印象，因为在媒体的影响下，很多女性消费者也将这些刻板的性别认同内化了。

1978年，**苏西·奥尔巴赫**（Susie Orbach）出版了《**肥胖是一个女性主义的问题**》(*Fat is a Feminist Issue*)，她在书中讨论了饮食失调等问题，包括贪食症和厌食症，作为拒绝将性客体化的机制。

我试图获得对我自己身体的自主权，它总是被媒体拍摄、讨论以及客体化。

20世纪80年代，女权主义活动以尝试**解构**定义女性身体的刻板印象和视觉对象来重塑女性身体为中心展开。女权主义评论家决心识别和分析产生女性商品化形象的潜在**意识形态的**和**社会的**条件。

然而，直到20世纪90年代第三波女性主义运动期间，关于女性身体的具有代表性的论辩才得到进一步发展，女性主义者们提出了几种关于女性如何被男性看待的理论。

英国超级名模凯特·莫斯（Kate Moss）因其苗条的身材和天真的面容而闻名，她在女性主义思想家中引起了争议。

但无论是苗条还是性感，理想的女性身体一直是人们着迷和恋物癖的对象，女权主义公众人物不断发出警告：不要将女性的身体物化。

《美丽的神话》

1990年,**娜奥米·沃尔夫**(Naomi Wolf)出版了畅销书《美丽的神话:美人图像如何被用来对付女性》。她强调了媒体宣扬的观念会对女性怎么看待自己的身体产生强烈的影响。

女性在被"理想身体"的种种视觉形象轰炸时,会体验到不足、自我憎恨和不完美的感觉。

虽然女性获得了较大的公众影响力,但她们失去了与自己的身体的私人联系。

娜奥米·沃尔夫

时尚行业是导致饮食失调和整容手术增加的罪魁祸首。沃尔夫将这种现象称为"美丽的神话",这是对20世纪80年代女权运动取得的成就的一种强烈批评。

尽管沃尔夫在她的第一本书中没有解决"美丽的神话"的问题,但她后来出版了《火与火》(Fire with Fire,1993)。在这本书中她明确地找到了从女性自身出发的解决方案。沃尔夫谴责那些沉溺于她称为"**受害者女权主义**"(victim feminism)的女性。

我敦促她们制定一种**有关权力的女权主义**的形式,让她们对自己的身体和生活有主动权。

沃尔夫的说法存在着争议,尤其是对于女权主义者来说,她们不认为女性应该"以毒攻毒",即用男性的方式来对抗男性。

怪诞

女权主义对女性身体的理解和理论化,仍然是一个尚未解决的问题,而且随着变装理论和后现代的怪诞(grotesque)的身体概念出现,这个问题变得更加复杂。

米哈伊尔·巴赫金(Mikhail Bakhtin)将"怪诞"定义为任何违反社会秩序,并被放逐到礼仪和礼节边缘的东西。

玛丽·鲁索(Mary Russo)提出,任何"怪诞的"行为,都曾被视为"女性化的行为",因为女性的身体在传统上被视作易朽的和不洁的。与血液、羊水和乳汁分泌密不可分的女性身体,往往被认为是怪诞的最终例证。

许多艺术家和创意作家都用"怪诞的身体"这一概念来说明其蕴藏的变革潜力,尤其是英国短篇小说作家**安吉拉·卡特**(Angela Carter),她在描绘不符合社会期望的女性身体时,经常借用怪诞的形象。

我创作了很多怪诞的意象,以揭露和批判创造可接受的"女性"身体意象的过程。

安吉拉·卡特

(本页和上页图片出自安吉拉·卡特《染血之室》)

女性主义与性别问题

近年来,学术界出现了一门叫作"性别研究"(gender studies)的新学科。这个词暗示了一种对女性和男性经历的动态考察。1989年,伊莱恩·肖沃特(Elaine Showalter)——曾为发掘女性的母系文学传统而倡导女性主义文学批评——宣称,到了开始重新阅读男性写的文本的时候了。

她说,女性不应将这些文本视为性别歧视和厌女症的例证,而应将其视为对性别差异的再现。

对男性气质的研究,与对女性气质的研究,同样都应被视作对社会角色的某种建构方式。

肖沃特对性别问题的态度与其他英美女权主义者一致——如安·奥克利,后者区分了性(sex;生物学的)和性别(gender;女性和男性角色的社会建构)。

解构主义女性主义

然而，其他女权主义评论家认为这种区别是有问题的，尤其是**朱迪斯·巴特勒**（Judith Butler，生于1956年）——当代最重要的解构女权主义理论家之一。巴特勒的方法对社会上被视为理所当然的"女性"观念提出了质疑。

巴特勒指出，只有当我们接受一个基于二元对立的社会体系时，性别区分才是有效的：即将女性视为男性的**对立面**，是与"阳性"相对立的"阴性"。

巴特勒不同意将性-性别割裂开来，她强调，**变装**（cross-dressing）现象是一种挑战异性恋话语体系中将性与性别进行完全区分的活动。变装为个人提供了一种更广泛的性别认同的概念，而不是"使男性-女性二元论正常化"。

重返舞台中央的男性?

就塔妮亚·莫德莱斯基而言,她对肖沃特邀请她开展性别研究而非女性研究提出异议,并警告称,将"男性重新带到中心舞台"会带来危险。在 1991 年出版的《没有女人的女性主义:后女性主义时代的文化与批评》一书中,她警告说,性别研究学可能会剥夺女性团结这一女性主义的关键要素。

她们会被吓得不再思考自己作为女性的主题,转而思考她们与男性的关系。

塔妮亚·莫德莱斯基

莫德莱斯基将对性别研究的兴趣解读为**后女权主义者**(postfeminist)反对女权主义的回潮。

"女力"

20世纪90年代,流行音乐的"辣妹"组合(Spice Girls)引发了"**女力**"(girl power)现象,她们声称女性是性主体,在表现女性气质的同时,应该享有男性的特权。"女力"与第二波女性主义的主张背道而驰——后者宣称时尚潮流和传统的身体美标准压迫和物化了女性。

有了"女力",我们就可以利用社会对女性行为的期望来操纵父权制,并通过女性的纽带获得成功。

许多女权主义者对"女力"的崛起反应强烈,尤其是杰梅茵·格里尔,她在1999年出版的《作为整体的女人》(*The Whole Woman*)一书中对这一现象和主张进行了抨击,因为它貌似掉入了对年轻女孩进行**性化女性气质**(sexualized femininity)的传统陷阱中。

女性主义与发展中国家

世界上许多国家都仍然存在着被压迫的女性。然而，西方女权主义的话语往往将她们置于边缘地位，使用"第三世界的女性"等普遍标签来表示各种各样的文化、种族和阶级类别。

将女权主义的历史划分为由美国和欧洲的事件和人物所描绘的"浪潮"既不适用，也不能反映我们的情况。

发展中国家的女权主义活动家抵制针对她们的社会不公正，其方式往往与西方所目睹的女权主义活动不一致。这有时会导致人们对发展中国家的女性主义斗争的形式、步骤和目标存在误解和曲解。

钱德拉·塔拉德·莫汉提（Chandra Talpade Mohanty）等女权主义理论家抨击了这种由所谓的"第一世界"的女权主义者代表"第三世界"中的女性的方式。她指出，西方女性经常被描绘成坚强、自信的个体，她们对自己的命运和身体具有决定权和控制权。

钱德拉·塔拉德·莫汉提

> 而发展中国家的女性不可避免地被视为：被剥夺了发言权、被决定着命运，并被迫使陷入经济依赖。

莫汉提还谴责了西方对这些女性的歪曲，他们认为她们在性方面受到了严厉的约束，因而是无知和无助的。

底层的女性

加亚特里·斯皮瓦克（Gayatri Spivak）在她的女性主义理论中提出了另一个批判性的议题——"替补队员"（Subaltern）。斯皮瓦克谴责西方女权主义者越俎代庖，替代非西方的女性发声，剥夺了后者的政治话语权。

加亚特里·斯皮瓦克

> 当非西方的女性在西方文化中说话或写作时，她们打破了西方女权主义者长期以来推崇的团结的神话。

然而，斯皮瓦克建议，这种不同的声音不应被视为对西方女权主义的威胁；相反，这种他者的话语应该与西方女权主义融为一体，并会让莫汉提的"想象中的女性群体"变得更丰富。

挑战传统仪式

发展中国家的女权主义的另一个分支试图聚焦特定的社会实践,如女性割礼、萨蒂(saty)和彩礼。

saty 或 suttee 是妻子在已故丈夫的火葬柴堆上自焚的传统习俗。

1829 年,"萨蒂"被英国宣布为非法,但在印度的偏远村庄,这种习俗一直持续到了近些年。

彩礼是新郎家支付给新娘家的一笔钱,作为对新娘带来的嫁妆的交换。

纳瓦尔·萨达维(Nawal Saadawi)和**法蒂玛·麦尼西**(Fatima Mernissi)等女权主义活动家撰写了大量关于复杂社会和文化影响下的具有争议性的仪式文章,这些仪式往往被错误地与宗教实践联系在一起。她们声称女性机构时常向习俗妥协,因而引发了激烈的争议,她们也面临着严厉的批评。

什么是女性主义？

1895年4月27日,《雅典娜文学》(*Athenaeum literary*)杂志将女权主义者定义为"有能力为重返独立而战"的女性。

"那些在政治上参与女性问题的男人和女人,应避免标记自己为女权主义者;相反,他们应该用'我提倡女权主义'来代替'我是女权主义者',以强调他们信仰的意识形态基础。"

贝尔·胡克斯

"**我不是芭比娃娃**。"(20世纪70年代女性平权运动中,一位年轻女性打出的标语)

"女性主义要求全世界最终认识到,女性既不是装饰品或有价值的容器,也不是'特殊利益'群体的成员。"

苏珊·法鲁迪

女性主义的基本议程是:它令女性不需要被迫在公共领域的正义和私人的幸福之间做出选择。

——苏珊·法鲁迪

"女人主义者对于女权主义者来说,就像紫色之于淡紫色一样。"

艾丽丝·沃克

"我是一名女权主义者,这对我来说意味着什么?它就像我是黑人这一事实一样具有意义:我必须承诺爱我自己,尊重自己,这与我的生活取决于自爱和自尊是一样的。"

琼·乔丹

"那么,让女人继续走下去——不是请求帮助,而是作为一种权利要求消除一切阻碍她提升的障碍——让她因正确培养自己的所有能力而受到鼓励,这样她就可以在积极生活中获益。"

卢克蕾西亚·莫特

里程碑

1645 年　英国绞死了多名女巫。

1646 年　马萨诸塞州和康涅狄格州的殖民地处死了多名女巫。

1650 年　英国和北美清教徒制定了关于通奸的法律。

1700 年　在柏林,未婚女性被迫缴纳特殊税种。

1832 年　英国通过改革法案,将投票权扩大到男性中产阶级。

1837 年　玛丽·里昂(Mary Lyon)在新英格兰建立了霍利约克山(Mount Holyoke)女子神学院,以教育妇女。

1839 年　美国密西西比州通过了该国的第一部已婚妇女财产法。英国通过了《儿童监护法》(Infant Custody Act)。

1847 年　在英国,《劳动法》规定妇女和儿童每天最多工作 10 小时。

1848 年　为女子开设的女王学院(Queen's College)在伦敦创建。
第一届全美妇女权利大会在纽约州的塞内卡福尔斯举行。

1857 年　《离婚和婚姻诉讼法》(Divorce and Matrimonial Causes Act)在伦敦通过。

1858 年　伊丽莎白·布莱克威尔(Elizabeth Blackwell)成为英国和美国第一位获得认可的女医生。

1869 年　全英妇女选举权协会在剑桥创建格顿学院(Girton College)。

1870 年　英国通过《妇女财产法》(Women's Property Act)。
《英国教育法》允许女性上大学,但不能获得学位。

1871 年　维多利亚·伍德赫尔(Victoria Woodhull)参加美国总统的竞选。

1876 年　英国的医学院开放招收女性。

1879 年　牛津的拉德克利夫(Radcliffe)女子学院成立。

1895 年　"女权主义者"一词首次出现在《雅典娜文学》杂志的书评中。

1906 年　伦敦《每日邮报》创造了"妇女选举权"(suffragette)一词。
全国女工联合会在英国成立。

1909 年　第一次争取妇女选举权的游行在纽约举行。
同年,通过《禁止贩卖白奴法》(White Slave Traffic Act),禁止出于"不道德目的"跨大西洋贩卖妇女。

1916 年　美国开设第一家节育诊所。

1918 年	英国赋予 30 岁以上的女性投票权。
1922 年	《财产法》规定,丈夫和妻子都有权在英国继承财产。
1939 年	"铆工露丝"(Rosie the Riveter)一词被创造出来,指的是受雇于美国国防工业的女性。
1950 年	联合国关于妇女权利的公约草案通过。
1956 年	英国《性侵犯法案》(Sexual Offences Act)确立了强奸罪的具体标准。
1960 年	美国研制出第一种口服避孕药。
1961 年	美国妇女地位委员会(Commission on the Status of Women)成立。
	避孕药获得美国食品药品监督管理局批准。
1967 年	避孕药在英国上市。
1969 年	圣地亚哥大学开设了第一个女性研究项目。
1970 年	第一届全英妇女解放大会在英国罗斯金学院举行,女性解放运动(简称 WLM)肇始。
	世界小姐大赛因女权主义者的抗议而中断。
1975 年	联合国宣布该年是国际妇女年,以后每年的 3 月 8 日将庆祝国际妇女节。
	(英国)《反性别歧视法》规定,将保障男性和女性在工作、教育和培训中享有平等待遇。
	《就业保护法》引入带薪产假(英国)。
	全国性的堕胎运动兴起(英国)。
1977 年	第一个强奸危机救助中心在伦敦开业。
1978 年	非洲和亚洲裔妇女组织(简称 OWAAD)在英国成立,后于 1983 年宣布解散。
1984 年	全英黑人女权主义者会议在英国举行。
1985 年	第一次黑人女同性恋者会议在英国举行。
1987 年	女权主义多数基金会(Feminist Majority Foundation)成立,旨在推进妇女的教育、妇女保护和妇女健康。
1994 年	美国通过《暴力侵害妇女法》。
1996 年	北爱尔兰妇女联盟(Women's Coalition)成立。
2000 年	美国最高法院宣布修订《妇女法》的部分条款,允许强奸、家庭暴力等受害者向联邦法院起诉袭击者。

2001 年 伦敦《伴侣登记规定》允许女同性恋和男同性恋者以及未婚的异性恋伴侣登记他们的伴侣关系。
2002 年 英国议会通过了允许同性和未婚夫妇收养孩子的法案。
2005 年 同性伴侣首次进行婚姻民事登记。
2012 年 劳拉·贝茨发起正视"日常生活中的性别歧视"活动。
2017 年 MeToo 运动在美国走向高潮。
2018 年 爱尔兰,承认堕胎合法。
　　　　 阿拉伯版的 MeToo 运动 AnaKaman 运动启动。

延伸阅读

贝弗利·布莱恩(Beverley Bryan)和斯特拉·达齐(Stella Dadzie),《种族之心:英国黑人女性的生活》(*Heart of the Race: Black Women's Lives in Britain*;1985年第一版,2018年修订版)

大英图书馆档案馆的《姐妹情谊》(*Sisterhood and After*)是记录妇女解放运动中的女性声音的口述历史采访集;参见 https://www.bl.uk/sisterhood。

琳达·尼科尔森(Linda Nicholson)的《第二波:女权主义理论读本》(*The Second Wave: A Reader in Feminist Theory*,1997)收录了女权主义评论家的主要出版物,序言中有对这些思想的清晰的批判性分析。

爱丽丝·S. 罗斯(Alice S.Rossi)主编的《从亚当斯到德·波伏娃的女权主义论文集》(*The Feminist Papers From Adams to de Beauvoir*,1988)是一本珍贵的女权主义思想家散文和演讲集。

一本不可或缺的女性主义的教科书是玛丽亚姆·弗雷泽(Mariam Fraser)和莫尼卡·格雷科(Monica Greco)的《身体》(*The Body*,2005),这本书汇集了在文学、大众媒体和不同文化中关于身体的重要文章。

玛丽·罗梅罗的《介绍交叉性》(*Introducing Intersectionality*)于2018年出版。

其他参考资料

Bate, Marisa, *The Periodic Table of Feminism* (2018)

Betterton, Rosemary, *An Intimate Distance: Women, Artists and the Body* (1996)

"Canada's Great Women", www.canadahistory.ca

Dworkin, Andrea, *Pornography: Men Possessing Women* (1981)

Mitchell, Susan, *The Matriarchs: Twelve Australian Women Talk About Their Lives* (1987)

Mohanty, Chandra Talpade and Linda E. Carty, *Feminist Freedom Warriors* (2018)

Russo, Mary, *The Female Grotesque: Risk, Excess and Modernity* (1995)

Young, Lola, "What is Black British Feminism?" in *Women: A Cultural Review*, 2000 (11:1-2)

Sostar, Tiffany and Rebecca Sullivan, "The Money Shot in Feminist Queer and Mainstream Pornographies" in *The Routledge Companion to Global Popular Culture*, ed. Toby Miller (2015)

Spivak, Gayatri Chakravorty, *In Other Words: Essays in Culture and Politics* (1987)

Wajcman, Judy, *Feminism Confronts Technology* (1991)

作者致谢

我感谢定期与我交流的读者的贡献,他们参与了关于全球女权主义议程和所有女权主义者个体面临的挑战,这些富有批判性的讨论出自不同性别和身份的读者。我感谢我的学生、同事和女权主义先驱,他们教会我如何理性地倾听不同的意见,如何建设性地提出辩驳。成为一名女权主义者,无疑是充满启蒙、发现、冲突和宽恕的终身旅程。

感谢 Kiera Jamison 周到的和鼓舞人心的支持。我很幸运地得到了同为女权主义者的丈夫克里斯蒂安·范·尼乌韦尔伯格的爱和支持,我很自豪能和他一起抚养一个也是女权主义者的儿子。

译者说明

这本小册子的英文书名是"Feminism",中文书名译作《女性主义》。作为译者,希望"女性主义"这个译名能在中国读者,尤其是中国女性读者中,达成一种比较普遍的共识。

在本书内文中,虽然英文原文是同一个词,但根据其出现的每一处具体语境,采取了不同的译名:"女权主义"或"女性主义"。为了避免造成读者的困惑,译者试图给出区分这两个译名的一些"规则"。

第一,从女性主义自身的发展来看,早期的女性面临更多实质上的显性不平等和歧视,因此她们首先争取和强调的,是两性之间的平等权利。此时的思想和社会批判运动多译为"女权主义"。为了争取平权,女性甚至主张彻底消除两性之间的差别。随着社会和时代的进步,以及女性对自身、对两性关系认知的深入和成熟,近期的这场思想和社会批判,多译为"女性主义"。此时的女性开始承认,除了社会和文化上人为地建构起来的、带有歧视性的差异之外,两性之间在生理和心理上存在一些真实的差异。

第二,Feminism 是一场仍在进行的,在可预期的未来仍将持续的社会批判,涉及政治、经济、文化、思想、认知、观念、伦理等各个方面。因此,女性主义也存在着许多分支,在涉及其分支时,仍秉持相似规则。早期的、强调平权和更多指向私人领域的情况下,Feminism 译为"女权主义",如马克思主义的女权主义、黑人女权主义等;而近期发展起来的分支,强调差异、多元和机会平等,更多的指向公共领域,则被翻译为"女性主义",如后现代主义的女性主义、生态女性主义和女性主义文学批评等。

第三,对女性主义不同发展阶段的通称,一律译作女性主义,如女性主义发展的里程碑,第一波、第二波女性主义等。

与此相关,womenism 或 womanism 译作"女人主义"。

2024 年 7 月

索引

阿比盖尔·亚当斯 Adams, Abigail 20–22, 32
简·安格尔 Anger, Jane 8
苏珊·B. 安东尼 Anthony, Susan B. 55–57, 141

劳拉·贝茨 Bates, Laura 171
《美丽的神话》 Beauty Myth, The 156
西蒙娜·德·波伏娃 Beauvoir, Simone de 80–81, 89, 91
生物学母职 biological motherhood 6, 8, 118–119, 131
黑人女性主义 black feminism 135, 137, 144, 147
艾米丽娅·詹克斯·布鲁默 Bloomer, Amelia Jenks 54
芭芭拉·博迪钦 Bodichon, Barbara 19, 58, 60–61
女性主义与身体 body, feminism and 6, 8, 103, 125, 128, 153–155
朱迪斯·巴特勒 Butler, Judith 161

资本主义 capitalism 19, 114, 120
马修·凯里 Carey, Matthew 36–37
安吉拉·卡特 Carter, Angela 159
菲利斯·切斯勒 Chesler, Phyllis 104
南希·乔多罗 Chodorow, Nancy 126, 129–130
丘德利夫人 Chudleigh, Lady 10
埃莱娜·西苏 Cixous, Hélène 105
康比河公社 Combahee River Collective 142–143
女性意识觉醒 consciousness-raising (C-R) 93, 100
有夫之妇的法律地位 coverture 48
变装 cross-dressing 161
文化的女性主义 cultural feminism 95

玛丽·戴利 Daly, Mary 133
安吉拉·戴维斯 Davis, Angela 135
《情感宣言和决议》 Declaration of Sentiments and Resolutions 53
解构主义女性主义 deconstructive feminism 161
多萝西·丁内斯坦 Dinnerstein, Dorothy 126–128
对家庭生活的推崇 domesticity, cult of 33–35
安·道格拉斯 Douglas, Ann 148–149
安德里亚·德沃金 Dworkin, Andrea 151

现代早期的女权主义活动 early modern feminist activity 6–7
生态女性主义 ecofeminism 102–103
教育 education 6, 11, 13, 14, 18–19, 23, 27, 33, 36, 50, 58, 59, 74, 135
莎拉·埃利斯 Ellis, Sarah 35
本质主义 essentialism 3–5, 43, 103

苏珊·法鲁迪 Faludi, Susan 168
父亲 fathers 41, 44, 46, 60, 120, 129, 130
女性至上主义者 Female supremacists 101
《女性的奥秘》 Feminine Mystique, The 88–89
女性气质 femininity 104, 106, 110, 115, 124, 153, 160
女性主义/女权主义 feminism
　定义 definitions 1, 8, 168
　分支 varieties 105, 167
舒拉米斯·费尔斯通 Firestone, Shulamith 112–114, 125
第一波女性主义 first wave feminism 18–19, 53, 62, 135
齐格蒙特·弗洛伊德 Freud, Sigmund 104, 124, 125, 126, 129

南希·弗莱迪 Friday, Nancy 152
贝蒂·弗里丹 Friedan, Betty 74, 83, 88–92, 125, 145
伊丽莎白·加勒特 Garrett, Elizabeth 61
性别 gender 4–5, 15, 25, 75, 111, 115–117, 144, 160
同工不同酬 gender pay gap 64, 86
吉尔伯特·M. 桑德拉 Gilbert, Sandra M. 123
女力 girl power 163
维达·戈尔茨坦 Goldstein, Vida 19, 68
杰梅茵·格里尔 Greer, G. 64, 86
安吉丽娜和莎拉·格里姆克 Grimké, A. and S. 30–32
苏珊·古柏 Gubar, Susan 123
女性中心主义 gynocentrism 144
女性主义文学批评 gynocriticism 79, 122-123

弗朗西斯·E.W. 哈珀 Harper, Frances E.W. 140–143
贝尔·胡克斯 Hooks, Bell 145, 168
人道主义女性主义 humanist feminists 101

个人主义视角 individualist perspective 17

茱莉亚·克里斯蒂娃 Kristeva, Julia 105

兰厄姆广场 Langham Place 62
语言的革新 language revision 99, 121, 133
立法 legislation 58, 65
女同性恋女性主义 lesbian feminism 73, 94–95, 132, 170
女同性恋者 lesbianism 72
自由主义的女性主义 liberal feminism 26
文学批评 literary criticism 122–123
畅销小说 popular romance 148–149
奥黛丽·洛德 Lorde, Audre 136

凯瑟琳·麦金农 MacKinnon, Catherine 151
男性凝视 male gaze 153
哈丽特·马丁瑙 Martineau, Harriet 14, 19, 58–59, 63
马克思主义的女权主义 Marxist feminism 98, 101, 149
美人鱼 mermaids 127
里程碑 milestones 19, 70, 83, 169–171
约翰·斯图尔特·密尔 Mill, J.S. 38–44
伊丽莎白·史密斯·米勒 Miller, Elizabeth Smith 54
凯特·米利特 Millett, Kate 83–115
美国小姐 Miss America 106–109
朱丽叶·米切尔 Mitchell, Juliet 104
塔妮亚·莫德莱斯基 Modleski, Tania 149–150
钱德拉·T. 莫汉提 Mohanty, Chandra T. 165
与母亲分离 mother, separation from 129–130
母职 motherhood 41, 83, 90, 118, 126
  生物学的 biological 118–119, 131
  集体的 collective 119
  社会的 social 119, 126
  工作与母职 work and 90–91
卢克蕾西亚·莫特 Mott, Lucretia 51–52, 168

卡罗琳·诺顿 Norton, Caroline 45–49, 60

安·奥克利 Oakley, Ann 118–121, 160
苏西·奥尔巴赫 Orbach, Susie 154
他者 Other 80–82, 124, 133
非洲和亚洲裔妇女组织 OWAAD 170

埃米琳·潘克赫斯特 Pankhurst, Emmeline 64–67

贝西·瑞内尔·帕克斯 Parkes, Bessie Rayner 62
罗萨·帕克斯 Parks, Rosa 135
父权制 patriarchy 2, 6, 99, 115, 116, 122, 131, 143
阴茎嫉妒 penis envy 124, 129
色情 pornography 148–151
后女权主义 postfeminism 162
精神分析 psychoanalysis 104–105
精神分析学派的女性主义 psychoanalytic feminism 104, 124–125

种族和性别 race, and gender 11, 140,147
激进的女权主义 radical feminism 94, 99–101
讨论小组 rap groups 93, 97
理性 reason 12, 27
关系视角 relational perspective 15–17
宗教 religion 8, 81, 133, 167
再生产 reproduction 113–114
阿德里安·里奇 Rich, Adrienne 131–132
挑战传统仪式 rituals, challenging 167
浪漫小说 romantic fiction 27, 149
让-雅克·卢梭 Rousseau, Jean-Jacques 25
行为准则 rules of conduct 36–37
玛丽·鲁索 Russo, Mary 158

索尼娅·桑切斯 Sanchez, Sonia 144
第二性 second sex 80, 120
第二波女性主义 second wave feminism 83–84, 135, 153
自我意识 Self, sense of 81–82
塞内卡福尔斯大会 Seneca Falls Convention 51–53
理智 vs. 情感 sensibility, reason vs. 26–27
需要专职仆人 servants, need for 42
性别上的阶层 sex class 113

性/性别等级 sex/gender system 116
伊莱恩·肖沃特 Showalter, Elaine 122–123
姐妹情谊 sisterhood 97, 132
废除奴隶制 slavery, abolition 11, 135
社会规划 social planning 13–14
社会主义的女性主义 socialist feminism 96–97
公谊会 Society of Friends 11
雷切尔·斯佩特 Speght, Rachel 8
凯瑟琳·海伦·斯宾塞 Spence, Catherine Helen 50
加亚特里·斯皮瓦克 Spivak, Gayatri 166
伊丽莎白·凯迪·斯坦顿 Stanton, Elizabeth C. 51–52, 55,141
争取女性选举权 suffrage 19, 41, 50, 51, 53, 55, 61, 66–70, 139, 169

哈丽特·泰勒·密尔 Taylor Mill, Harriet 38–41
技术 technology 103
索杰娜·特鲁斯 Truth, Sojourner 137–138, 145
哈丽特·塔布曼 Tubman, Harriet 139

艾丽丝·沃克 Walker, Alice 146–147
娜奥米·沃尔夫 Wolf, Naomi 156–157
玛丽·沃斯通克拉夫特 Wollstonecraft, Mary 22–29, 35, 38, 41
女人主义 womanist 146–147
妇女解放运动 Women's Liberation Movement 85–87, 90, 93, 98, 105, 112, 117
妇女平权运动 Women's Rights Movement 84–85
弗吉尼亚·伍尔夫 Woolf, Virginia 76–77
弗朗西丝·赖特 Wright, Frances 13–14, 19, 33

图画通识丛书

第一辑

伦理学
心理学
逻辑学
美学
资本主义
浪漫主义
启蒙运动
柏拉图
亚里士多德
莎士比亚

第二辑

语言学
经济学
经验主义
意识
时间
笛卡尔
康德
黑格尔
凯恩斯
乔姆斯基

第三辑

科学哲学
文学批评
博弈论
存在主义
卢梭
瓦格纳
尼采
罗素
海德格尔
列维-斯特劳斯

第四辑

人类学
欧陆哲学
现代主义
牛顿
维特根斯坦
本雅明
萨特
福柯
德里达
霍金